Karl Bücher

Die Wirtschaft der Naturvölker

Karl Bücher

Die Wirtschaft der Naturvölker

ISBN/EAN: 9783743470590

Hergestellt in Europa, USA, Kanada, Australien, Japan

Cover: Foto ©ninafisch / pixelio.de

Weitere Bücher finden Sie auf **www.hansebooks.com**

Die Wirtschaft der Naturvölker.

Vortrag,

gehalten in der Gehe-Stiftung zu Dresden

am 13. November 1897

von

Dr. Karl Bücher,

ord. Professor an der Universität Leipzig.

Dresden

v. Zahn & Jaensch

1898.

Vorbemerkung.

Der nachstehende Vortrag ist zum Zwecke des Druckes mehrfach erweitert worden. Er bietet in gewissem Sinne eine Fortsetzung dessen, was ich im einleitenden Abschnitte meiner „Entstehung der Volkswirtschaft," 2. Auflage (Tübingen 1898) unter dem Titel: „Der wirtschaftliche Urzustand" ausgeführt habe. Es sind gleichsam die beiden Vorhallen einer vergleichenden Wirtschaftsgeschichte, in die ich dem Hörer und jetzt auch dem Leser durch diese Arbeiten einen Einblick eröffnen wollte, und zwar so, daß ich ihm jedesmal das ganze Bauwerk in der Einheit seiner architektonischen Gliederung vorführte, nicht so, daß ich ihm bloß die einzelnen Werkstücke zeigte, aus denen es errichtet ist. Sollte jemand der Ansicht sein, daß zur Errichtung derartiger Bauten heute das Material im Einzelnen noch nicht genügend gesichtet und bearbeitet sei, so will ich dem nicht gerade widersprechen. Mir scheint aber das Bedürfnis, das Ganze zu überschauen, größer zu sein, als das einer möglichst vollkommenen Ausführung aller Einzelheiten. Was schadet es schließlich, wenn später dieser oder jener Stein gegen einen anderen ausgewechselt werden muß?

Nur ungern habe ich mich entschlossen, die Einfachheit der Linien, welche der mündliche Vortrag erfordert, durch nachträgliche Zusätze zu stören, bei denen man immer in Gefahr ist, in den Ton der Abhandlung zu verfallen und an Übersichtlichkeit zu verlieren, was man an Breite der Betrachtung gewinnt. Ich habe versucht, dieser Gefahr dadurch zu entgehen, daß ich im Anhang auf Grund der einschlägigen Quellenschriften eine Anzahl ausgewählter Bilder aus der Wirtschaft der Naturvölker zusammenstellte, welche das Gesichtsfeld des Textes zu erweitern geeignet schienen. Die Vorlegung des ganzen Materials, aus denen die Ergebnisse meiner Untersuchung gewonnen wurden, ist natürlich hier unmöglich.

Seitdem das deutsche Reich seinen Kolonialbesitz erlangt hat, ist das Interesse für primitive Völker und ihre Lebensweise bei uns in ganz anderer Weise lebendig geworden, als dies früher der Fall war. Früher pflegten wir meistens Reise=
beschreibungen und ethnographische Werke in ähnlicher Weise zu lesen wie der Knabe seine Lederstrumpf=Erzählungen, und unsere vergleichenden Wissenschaften gingen in einsamer Beschaulichkeit den Sprachen, den Sitten, den Religionen der Völker nach, um die großen geistigen Zusammenhänge aufzuspüren, in welchen die „Einheit des Menschengeschlechts" sich auszusprechen schien. Heute lesen wir die Schilderungen unserer Afrikaforscher und die in ansehnlicher Zahl erscheinenden Zeitschriften über Völker=
kunde und koloniale Dinge mit ganz anderen Empfindungen. Wir fühlen, daß uns diese Dinge näher angehen, daß das Wohl unseres Vaterlandes, daß wichtige Interessen damit verknüpft sind; unser Großhandel und unsere Großindustrie beginnen mit ihnen zu rechnen, und auch die Männer der Wissenschaft können sich nicht völlig mehr dem Gedanken verschließen, daß die Resul=
tate der Ethnologie eines Tages unmittelbar praktisch werden könnten, daß namentlich eine weitsichtige Kolonialpolitik sie zu benutzen habe.

Auf keinem Gebiete wird dies weniger eines Beweises be=
dürfen als auf dem wirtschaftlichen. Sind es doch in erster Linie wirtschaftliche Gründe, welche uns auf die Bahn der Kolonial=
politik getrieben haben, wirtschaftliche Vorteile, welche man auf

ihr zu erringen hofft. Und dennoch, wie wenig wissen wir von den wirtschaftlichen Verhältnissen der Völker und Stämme, deren Schicksal in unsere Hand gegeben ist! Wie wenig haben sich die europäischen Kolonisatoren von je her um diese Seite des Lebens ihrer Unterworfenen und Schutzbefohlenen in fremden Erdteilen gekümmert! Tausend Dinge haben die Forschungs= reisenden ergründen zu können geglaubt, von der Flora und Fauna der „durchquerten" Länder bis zu den religiösen Vor= stellungen, den Märchen und Sagen, der Familienverfassung der „Wilden". Aber an dem Alltäglichen, der Art, wie sie ihre Bedürfnisse befriedigen, ihren Haushalt einrichten, ihr materielles Leben gestalten, sind die meisten achtlos vorübergegangen. Höch= stens, daß sie uns Proben ihrer Geräte und Waffen, ihrer Schmuckgegenstände und Musikinstrumente mitgebracht haben, die wir in unseren ethnographischen Museen zu ungeheuren Massen aufstapeln, an denen die Mehrzahl der Besucher aber mit verständnißloser Neugierde vorübergeht, jedenfalls ihnen nicht mehr entgegenbringt als das Interesse der Kuriosität.

Es ist mir darum als eine dankbare Aufgabe erschienen, einmal das Wenige zu sammeln, was wir von der Wirtschaft der Naturvölker wissen. Die Arbeit war ziemlich mühsam, zumal nur solche Völker berücksichtigt werden durften, deren Wirtschaftsverhältnisse noch nicht unter dem Einfluß des Ver= kehrs mit europäischen Nationen in Zersetzung geraten sind; aber das Ergebnis war schließlich doch ein reicheres, als ich zu= erst glaubte hoffen zu dürfen, und nachdem einmal der Anfang gemacht war, stellte sich bald eine so große Zahl übereinstimmen= der Züge bei allen niederen Rassen heraus, daß das Unter= suchungsfeld auch auf solche Völker ausgedehnt werden konnte, die zwar unter der Einwirkung des Weltverkehrs bereits stehen, aber doch jene Züge bewahrt haben. Es ging hier, wie es so

oft in der Völkerkunde geht: je weiter man rückwärts gegen
die ersten Anfänge der Kultur hin vordringt, um so gleich=
artiger werden die Existenzbedingungen, um so übereinstimmen=
der die sozialen Erscheinungen. Hat man aber einmal das
Wesen dieser Erscheinungen erkannt, so gelingt es meist nicht
allzu schwer, dieselben auch noch in dem Leben der höher ent=
wickelten Rassen aufzufinden und in ihren mannigfachen Ab=
wandelungen zu verfolgen. Daraus entspringt wieder für die
Forschung der große Vorteil, ganze Entwickelungsreihen auf=
stellen zu können, in denen die für sich allein oft unverständ=
lichen und unbegreiflichen Einrichtungen der „Wilden" als die
untersten Stufen einer Leiter erscheinen, auf der die Mensch=
heit langsam im Laufe der Jahrhunderte emporgestiegen ist zu
höheren Formen des Daseins.

Wenn ich mir nun gestatte, Ihnen das Wirtschaftsleben
der Naturvölker in kurzen Zügen darzulegen, so geschieht es
nicht bloß deshalb, weil überall die primitiven Äußerungen
menschlichen Zusammenlebens für uns einen natürlichen Reiz
haben, sondern auch in der Hoffnung, Sie überzeugen zu können,
daß uns diese Dinge wirklich sehr nahe angehen. Ich werde
mich dabei im Ausmaß des Stoffes sehr beschränken müssen;
soweit möglich, sollen die Beispiele solchen Gebieten ent=
nommen werden, an denen wir ein näheres Interesse haben.

Der Name Naturvölker scheint ganz besonders passend,
um die niederen Menschenrassen in wirtschaftlicher Hinsicht zu
kennzeichnen. Sie stehen der Natur näher als wir; sie sind
von ihr abhängiger, empfinden die Naturgewalten unmittelbarer
und erliegen ihnen leichter als wir. Der Kulturmensch legt
Vorräte an; er hat für die Erhaltung und Verschönerung seines
Daseins eine Fülle von Hilfsmitteln; ihm stehen bei Mißwachs
die Ernten einer halben Welt vermöge unserer entwickelten

Verkehrseinrichtungen zur Verfügung; er zähmt die Naturkräfte und zwingt sie, für ihn zu wirken; unser Handel stellt die Arbeit von tausend anderen Menschen in den Dienst jedes Einzelnen unter uns, und in jedem Haushalt walten sorgende Augen über dem schonenden und sparsamen Verbrauch der für unser leibliches Dasein bestimmten Güter. Der Naturmensch legt in der Regel keine Vorräte an; eine Mißernte oder ein sonstiges Versagen seiner natürlichen Nahrungsquellen trifft ihn mit ganzer Schwere; er kennt keine arbeitersparenden Hilfsmittel, keine geordnete Zeitverwendung, keine geregelte Konsumtion; auf seine schwachen natürlichen Kräfte beschränkt, von feindlichen Gewalten rings umbroht, hat er jeden Tag sein Dasein neu zu erkämpfen, und manchmal weiß er nicht, ob er am folgenden Tage auch nur die Mittel haben wird, seinen Hunger zu stillen. Dennoch sieht er der Zukunft nicht mit Bangen entgegen; er ist ein Kind des Augenblicks; ihn quälen keine Sorgen; ein grenzenloser naiver Egoismus erfüllt seine Seele. Darüber hinaus denkt er nicht, sondern folgt instinktiv seinen Trieben, auch darin der Natur näher stehend als wir.[1]

Man hat früher die Naturvölker gewöhnlich nach der Art ihres Nahrungserwerbes unterschieden in Jägervölker, Fischervölker, Hirtenvölker, Ackerbauvölker. Dabei glaubte man, daß dies ebenso viele Stufen der wirtschaftlichen Entwickelung seien, die jedes Volk bei seinem Aufsteigen zur Kultur durchlaufen müsse. Man ging hierin von der stillschweigenden Voraussetzung aus, daß der Urmensch mit animalischer Nahrung begonnen habe und erst allmählich im Drange der Not zu vegetabilischer Nahrung übergegangen sei. Man hielt dazu den Erwerb der letzteren für schwerer als den der ersteren, indem

---

[1] Man vergleiche im allgemeinen R. Bierlandt, Naturvölker und Kulturvölker (Leipzig 1896), S. 260 ff.

man das Bild unseres europäischen Ackerbaues vor Augen hatte, welcher der Zugtiere und eines künstlichen Apparates von Werkzeugen und Geräten bedarf.

Allein diese Auffassung ist irrig, wie die Voraussetzungen, von denen sie ausgeht. Gewiß nimmt alles Wirtschaften seinen Ausgang von der Nahrungsgewinnung. Von Anfang an war der Mensch zunächst auf vegetabilische Nahrung angewiesen, und überall, wo Baumfrüchte, Beeren, Wurzeln zu erlangen waren, hat er zuerst nach diesen gegriffen. Im Notfalle wandte er sich auch kleinen Tieren zu, die roh verzehrt werden konnten: Muscheln, Würmern, Käfern, Heuschrecken, Ameisen u. s. w. Auf steter Nahrungssuche, wie das Tier, verschlang er im Augenblick, was er fand, ohne für die Zukunft vorzusorgen.

Sucht man von da den Übergang zur nächsten Stufe, so sagt uns einige Überlegung, daß es nicht schwer gewesen sein kann, die Erfahrung zu machen, daß eine vergrabene Knolle oder Nuß eine neue Pflanze liefert — gewiß nicht schwerer als Tiere zu zähmen oder Angelhaken, Bogen und Pfeil zu erfinden, welche zum Übergang auf die Jagd nötig waren.[1]) In Beziehung auf technische Kunstfertigkeit stehen noch jetzt manche Jäger- und Nomadenvölker weit über sogenannten Ackerbauvölkern. Neuerdings ist man zu der Annahme gekommen, daß die Nomaden eher als verwilderte Ackerbauer zu betrachten seien, und es ist in der That recht unwahrscheinlich, daß ein Jägervolk zuerst darauf verfallen sein sollte, Tiere zu zähmen, um Milch, Eier und Fleisch zu gewinnen. Überdies giebt es, wenn wir vom äußersten Norden absehen, kein Fischer-, Jäger- oder Hirtenvolk, das nicht einen, bald mehr bald minder erheblichen Teil seiner Nahrung dem Pflanzenreiche entnähme.

---

[1]) Vgl. im allgemeinen E. Hahn, Die Haustiere und ihre Beziehungen zur Wirtschaft des Menschen. Leipzig 1896.

Viele von ihnen sind hierfür schon lange auf den Verkehr mit höher entwickelten Nachbarnationen angewiesen, entbehren also der wirtschaftlichen Selbständigkeit, deren unsere Betrachtung bedarf, wenn sie zu allgemein giltigen Ergebnissen gelangen soll. Da nun die als typisch geltenden Beispiele von Jäger-, Fischer- und Nomadenvölkern, sich nur unter ganz besonderen geographischen und klimatischen Verhältnissen finden, die eine andere Art des Nahrungserwerbs kaum zulassen (die Jäger und Fischer im äußersten Norden, die Nomaden in den Steppen- und Wüstengebieten der alten Welt), so dürfte es geraten sein, von ihnen in unserer weiteren Betrachtung ganz abzusehen und unser Untersuchungsfeld zu beschränken auf die zwischen den Wendekreisen liegenden Gebiete Amerikas, Afrikas, Australiens, des malayischen Archipels, Melanesiens und Polynesiens. Das ist immer noch ein ungeheures Gebiet, innerhalb dessen die Verschiedenheit der Naturbedingungen, unter denen der primitive Mensch lebt, noch mancherlei Besonderheiten in seinem materiellen Dasein hervorbringt. Aber die Unterschiede zwischen den einzelnen Stämmen sind in diesem Punkte doch bei weitem nicht so groß, wie etwa zwischen dem Eskimo und dem Polynesier. Jedenfalls giebt es bei aller Verschiedenheit der Rassen in Lebensbedingungen und Lebensweise des Gemeinsamen genug, das unsere Aufmerksamkeit fesseln kann. Zugleich haben wir hier die ältesten Verbreitungsgebiete der Menschheit, welche aber auch trotz oder vielleicht wegen des Reichtums der tropischen Natur diejenigen zu sein scheinen, in denen sie sich am langsamsten entwickelt.

Auf allen Stufen seiner Entwickelung findet der Naturmensch jener Breiten ersichtlich in der Pflanzenkost den Grundstock seiner Ernährung — schon aus dem einfachen Grunde, weil von jeher für ihn tierische Speise viel schwerer zu erlangen war. Dem widerspricht es nicht, wenn wir bei vielen wilden Stämmen zu Zeiten eine Gier nach Fleisch hervorbrechen sehen, die uns erschreckt, da sie selbst vor der eigenen Gattung nicht zurückscheut. Es rührt dies aller Wahrscheinlichkeit nach daher, daß für die normale Erhaltung des menschlichen Körpers ein bestimmtes Quantum Salz erforderlich ist, das ihm durch rein vegetabilische Nahrung nicht zugeführt werden kann, während es wohl möglich ist, bei zeitweiliger roher Fleischnahrung ohne Salz zu leben. Dieselbe Gier nach Salz haben ja auch die reinen Pflanzenfresser unter unseren Haustieren.

Das Nahrungsbedürfnis ist das dringendste und ursprünglich das einzige, das den Menschen zur Thätigkeit treibt, das ihn ruhelos umherschweifen läßt, bis es Befriedigung gefunden hat. Bei den niedrigst stehenden Stämmen unseres Gebietes geschieht dies in der Weise, daß die Männer, mit Pfeil und Bogen bewaffnet, der Jagd obliegen, während die Weiber die Bäume nach Früchten erklettern, Beeren sammeln oder mit einem zugespitzten Stück Holz den Boden nach Wurzeln durchwühlen. Es findet also schon bei dieser primitiven Nahrungssuche eine Art Arbeitsteilung zwischen den beiden Geschlechtern statt, die darin gipfelt, daß die Frau den vegetabilischen, der Mann den animalischen Teil der Nahrung beschafft, und da die erbeutete Speise in der Regel sofort verschlungen wird und kein Individuum auf das andere Rücksicht nimmt, so lange es noch selber Hunger hat, so führt dies zu einer Verschiedenheit der Ernährung beider Geschlechter, welche vielleicht zur Differenzierung ihrer körperlichen Entwickelung wesentlich beigetragen hat.

Die Arbeitsteilung jener primitiven schweifenden Horden, auf deren Lebensweise wir hier nicht näher eingehen wollen,[1])

---

[1]) Ausführlicheres über sie in meiner Entstehung der Volkswirtschaft (2. Aufl.), S. 10 ff.

setzt sich auf höheren Stufen der Entwickelung fort und gelangt hier zu einer so scharfen Ausprägung, daß die festbegrenzten Thätigkeitsgebiete des Mannes und der Frau geradezu eine Art sekundärer Geschlechtsmerkmale bilden, deren Verständnis uns den Schlüssel zur Einsicht in die Wirtschaftsweise der Naturvölker in die Hand giebt. Insbesondere wird fast ihre ganze Güterproduktion dadurch beherrscht.

Wenden wir uns jetzt zu dieser letzteren, so ist vorauszuschicken, daß der allergrößte Theil unserer Naturvölker, als sie in den Gesichtskreis der Europäer traten, den Ackerbau kannte und übte. So die sämtlichen Negervölker Afrikas mit verschwindenden Ausnahmen, die Malayen, die Polynesier und Melanesier, die Urbewohner Amerikas mit Ausnahme derjenigen, welche den äußersten Norden und Süden dieses Erdteils bewohnen. Es ist ein durch unsere Jugendlektüre weit verbreiteter Irrtum, der die nordamerikanischen Indianer zu reinen Jägervölkern macht. Alle Stämme östlich vom Mississippi und südlich vom Lorenzo-Strome kannten den Anbau von Nahrungspflanzen schon vor dem Eintreffen der Europäer, und in den darüber hinaus liegenden Gebieten sammelte man wenigstens die Körner des Wasserreises (zizania aquatica) und rieb Mehl aus den Früchten des Manzanitastrauches.

Der Ackerbau der Naturvölker ist aber von ganz eigener Art.[1] Zunächst kennt er ein Gerät nicht, das uns für die Landwirtschaft unerläßlich scheint: den Pflug. Ebenso sind Rad und Wagen und Zugtiere für diese Völker unbekannte Dinge. Und endlich bildet die Viehzucht für sie keinen integrierenden Teil der Landwirtschaft. Düngung des Bodens kommt zwar vereinzelt vor, ist aber außerordentlich selten. Häufiger schon

---

[1] Vgl. E. Hahn a. a. O., S. 388 ff.

finden sich Bewässerungseinrichtungen, namentlich für Reis- und
Tarropflanzungen. In der Regel aber muß das Kulturland,
wenn seine Nährstoffe erschöpft sind, gewechselt werden, und
dies wird dadurch erleichtert, daß kein Sondereigentum an
Grund und Boden besteht, sondern dieser Gesamteigentum
des Stammes oder der Dorfgemeinschaft ist. Endlich ist die
Bestellung des Bodens fast ausschließlich Frauenarbeit. Nur
bei der Neu-Anrodung eines Landstückes lassen sich die Männer
zur Hilfeleistung herbei.

Man hat neuerdings diesen Ackerbau der Naturvölker als
Hackbau bezeichnet, da eine kurzstielige Hacke sein Hauptinstru-
ment ist, an deren Stelle sich bei einzelnen Stämmen auch
noch der primitive Grabstock erhalten hat. Die Grundlage
seiner Pflanzenproduktion bilden die tropischen Knollengewächse:
Maniok, Yam, Tarro, Bataten, Erdnuß, sodann Bananen,
verschiedene Kürbisarten, Bohnen und von Getreidearten Reis,
Durrha und Mais. Der Reis hat wahrscheinlich seine älteste
Heimstätte in Südchina, die Durrha in Afrika und der Mais
bekanntlich in Amerika. Endlich gehören in dieses System
der Bodenbewirtschaftung die tropischen Fruchtbäume: Sago-,
Dattel- und Kokospalme, Brotfruchtbaum u. s. w.

Wegen der Unvollkommenheit und geringen Ergiebigkeit
der Werkzeuge können beim Hackbau immer nur kleine Feld-
stücke in Kultur genommen werden. Er hat äußerlich und auch
in der Art seines Betriebes nahe Verwandtschaft mit unserem
Gartenbau. Die Felder sind meist in Beete zerlegt, die oft
in musterhafter Weise gehäufelt und aufs sauberste gejätet
werden. Das Ganze ist mit einem Zaun umgeben, um das
Eindringen wilder Tiere zu verhüten; gegen die in tropischen
Gegenden für die Ernte besonders gefährlichen körnerfressenden
Vögel werden bei den Malayen sehr kunstreich konstruierte

Vogelscheuchen ausgestellt; in Afrika werden meist besondere Wachthäuschen bei den Feldern errichtet, von denen aus die jungen Mädchen durch Lärm die Tiere zu verscheuchen suchen. In der Regel wird schon eine bestimmte Fruchtfolge eingehalten. Im Kongobecken wird z. B. das neugerodete Feld zuerst mit Bohnen bestellt; sind diese abgeerntet, so wird Kolbenhirse eingesät; zwischen diese werden dann oft schon die Stecklinge des Maniok eingepflanzt, die erst nach 1½ bis 2 Jahren volle Erträge liefern und das Land so lange in Anspruch nehmen, bis die Wurzeln anfangen holzig zu werden und neues Rodland in Angriff genommen werden muß. Auf Neu-Pommern werden zuerst Yamswurzeln gepflanzt, dann Tarro und zuletzt Bananen, Zuckerrohr und dergl. (Vgl. Anhang I.)

Reisende haben oft geschildert, welchen tiefen Eindruck es auf sie gemacht habe, wenn sie aus dem unwirtlichen Urwald heraustretend plötzlich auf die wohlgepflegten Felder der Eingeborenen stießen. In den dichter bevölkerten Teilen Afrikas, ziehen dieselben sich oft stundenweit hin, und der emsige Fleiß der Negerinnen strahlt in um so hellerem Lichte, wenn wir die Unsicherheit des Lebens, die fortwährenden Fehden und Raubzüge bedenken, bei denen niemand weiß, ob er noch wird ernten können, was er gesät hat. Livingstone schildert einmal in rührender Weise die Verwüstungen der Sklavenjagden: die Menschen lagen erschlagen, die Wohnungen zerstört, auf den Feldern aber reifte die Saat, und niemand war da, der sie ernten konnte. Aber die Existenz dieser Völker ist überhaupt noch nicht so fest an den Boden gebunden; selten bleiben ihre Niederlassungen mehrere Menschenalter an der gleichen Stelle;[1]) ihre Häuser sind flüchtige Bauwerke aus Baumstangen und

---

[1]) Vgl. Ratzel, Völkerkunde I, S. 85.

Gras; ihre sonstige Habe läßt sich leicht auf dem Rücken forttragen oder rasch erneuern, und in wenigen Tagen kann an anderer Stelle ein neues Dorf aufgerichtet sein, in welchem von dem alten nichts fehlt als das Ungeziefer.

Gerade für ein solches Leben ist der Hackbau wie gemacht. Er fordert kein stehendes Kapital außer der kleinen Hacke und da, wo Körnerfrüchte gebaut werden, etwa noch einer Klinge zum Abschneiden der Ähren. Vorräte brauchen kaum gehalten zu werden, weil vielfach das Klima mehrere Ernten im Jahre gestattet. Nur wo Getreide gebaut wird, pflegt man die Körner in kleinen auf Pfählen errichteten Vorratshäuschen oder in Erdbehältern oder in großen Thongefäßen aufzubewahren; aber auch hier muß es bald aufgezehrt werden, wenn es nicht der Vernichtung durch Feuchtigkeit, Kornwurm und Termiten anheimfallen soll. Livingstone erblickt in diesem Umstande den Grund, weshalb die Neger bei reicher Ernte so viel Bier brauen.[1])

Der Hackbau ist noch heute eines der verbreitetsten Wirtschaftssysteme. Er findet sich in ganz Centralafrika (18° n. Br. bis 22° s. Br.), in Süd- und Mittelamerika, in der ganzen australischen Inselwelt, in großen Teilen Hinterindiens und des ostindischen Archipels. Überall scheint er ursprünglich Frauenarbeit gewesen zu sein, und als solche ist er eine große kulturfördernde Macht. Die Frau hat den Ackerbau erfunden, offenbar im Anschluß an das Wurzelsuchen, das sie seit uralter Zeit geübt hatte; mehlhaltige Knollen- und Wurzelgewächse bilden deshalb den Grundstock ihrer Pflanzungen. Sie erlangte auf diesem Wege technische Erfahrungen, die dem Manne fehlten; ihre Arbeit lieferte bald den wichtigsten Teil des Lebens-

---

[1]) Neue Missionsreisen in Süd-Afrika (übersetzt von Martin) I, S. 60.

bedarfs, und damit war die Grundlage einer dauernden Familien=
organisation gegeben, in welcher der Mann die Funktionen
des Schutzes und der Beschaffung von Fleischnahrung über=
nahm. Nur wo es keine jagdbaren Thiere in größerer Menge
giebt, nimmt auch der Mann an der Bodenbearbeitung teil,
z. B. bei den Malayen.

Wenden wir uns nunmehr der zweiten Nahrungsquelle
zu, der Jagd und dem Fischfang. Die Jagd der Natur=
völker hat bei der Unvollkommenheit ihrer Waffen immer viel
von der Art behalten, wie das Raubtier seine Beute beschleicht.
Durch einen Pfeilschuß oder Speerwurf kann ein größeres Tier
nur verwundet, aber nicht getötet werden, und nun ist es Auf=
gabe des Jägers, dem Wilde so lange zu folgen, bis es er=
mattet zusammenbricht. Da diese Jagdart unter Umständen
aber sehr gefährlich werden kann, so hat man die verschiedensten
Fangmethoden (Gräben, Fallbäume) ausgedacht, oder es wird
bei direktem Angriff auf das Wild die Jagd von ganzen
Stämmen oder Dorfgemeinden gemeinsam betrieben.[1] Früh
ist es dabei zur Ausbildung eines Gesamteigentums an den
Jagdgründen und zur Feststellung sehr umständlicher Regeln
über die Verteilung der Beute unter die Teilnehmer und die
Eigentümer des Bodens gekommen, auf die hier nicht näher
eingegangen werden kann.[2] Das Wesentliche für uns ist,
daß dieser Teil der Nahrungsbeschaffung eine gewisse Orga=
nisation der Arbeit nach dem Prinzip der Arbeitsgemeinschaft
bedingt — ein Umstand, der gewiß für die Entstehung primi=

---

[1] Vgl. z. B. über die Jagdmethoden der Kaffern G. Fritsch, die Ein=
geborenen Süd=Afrikas, S. 81 ff.

[2] Einiges findet man zusammengestellt bei Post, Afrikanische Juris=
prudenz II, S. 162 f. Lubbock, Entstehung der Civilisation (übersetzt von
A. Passow), S. 377 f.

tiber politischer Gemeinschaften von der größten Bedeutung gewesen ist. (Anhang II.)

Das Gleiche ist vom Fischfang[1]) zu sagen, namentlich wo er an der Meeresküste mit Kähnen und großen Netzen betrieben wird, die nur durch die Arbeit Vieler hergestellt und gehandhabt werden können. Die Neuseeländer z. B. flechten Netze von 1000 Ellen Länge, die beim Gebrauch Hunderte von Händen bedürfen. Zahllos sind die Fangweisen, welche die Naturvölker für ihre Fischerei erdacht haben; neben Angel und Netz kommen Pfeile, Speere, Reußen und Betäubungsmittel zur Anwendung. Alles, was wir davon wissen, deutet darauf hin, daß die Fischerei einen viel regelmäßigeren Charakter bei den Naturvölkern gewonnen hat als die Jagd; auf manchen Inseln der Südsee sind sogar bestimmte Wochentage ein für allemal den gemeinsamen Fischzügen gewidmet, und die Anführer der Fischereiexpeditionen sind zugleich auch die Führer im Kriege. Die Flußfischerei ist besonders bei den Urbewohnern Südamerikas entwickelt, unter denen es Stämme giebt, die man als Fischnomaden bezeichnet hat, weil sie von Fluß zu Fluß ziehen. Ähnliches kommt vereinzelt auch in Afrika vor. Überall scheint der eigentliche Fischfang Männerarbeit zu sein; nur in einzelnen Gegenden Polynesiens beteiligen sich auch die Frauen in beschränktem Maße daran.

Bei der leichten Verderblichkeit des Fleisches können Jagd und Fischerei in den Tropengegenden meist nur zeitweise Ergänzungen der Pflanzennahrung liefern. Allerdings hat man früh das Trocknen und selbst das Räuchern der Fische und des in Striemen geschnittenen Fleisches kennen und üben gelernt; dasselbe findet sich ebensowohl bei Polynesiern wie

---

[1]) Über diesen vergl. im allgemeinen Ratzel, Völkerkunde I, S. 234, 396, 506, 531.

Malayen, Amerikanern und selbst Negern und Australiern. Dennoch ist derjenige Teil des Nahrungsbedarfs, der auf diese Weise regelmäßig beschafft werden kann, ein so geringer, daß bei manchen Völkern nur die Vornehmen gewisse Wildarten genießen dürfen und daß in ziemlicher Ausdehnung den Frauen der Genuß bestimmter Arten von Fleisch untersagt ist.

Man sollte darnach annehmen, daß die Naturvölker früh darauf verfallen sein müßten, Tiere zu zähmen und zum Zwecke regelmäßiger Gewinnung animalischer Nahrung zu züchten. Allein von einer eigentlichen Viehzucht kann bei den Völkern der Tropengegenden nur in sehr beschränktem Umfange die Rede sein. Allgemein verbreitet ist nur das Huhn; daneben kommt in Afrika die Ziege vor, bei den Malayen und Polynesiern das Schwein und bei den Amerikanern der Truthahn, die Moschusente und das Meerschweinchen. Das Rind findet sich nur bei einem Teile der Malayen und in einem bald breiteren, bald schmäleren Streifen Ostafrikas, der sich fast durch den ganzen Erdteil hindurchzieht, von den Dinka und Bari am oberen Nil bis zu den Hottentotten und Namaqua im Süden. Aber die meisten dieser Völker benutzen das Rind nicht als Zugtier; manche unter ihnen genießen sogar seine Milch nicht; viele rinderzüchtende Ostafrikaner schlachten nie ein Tier, außer wenn sie es von anderen Stämmen erbeutet haben. Vereinzelt dient im äquatorialen Afrika der Ochse wohl als Reit- und Packtier; aber im allgemeinen ist den Negervölkern der Rinderbesitz bloß „Repräsentant des Reichtums und Gegenstand einer geradezu schwärmerischen Verehrung" — bloße Liebhaberei.

Und diesen Charakter trägt die Tierhaltung der Naturvölker im weitesten Umfange. Ein Indianerdorf im Innern Brasiliens gleicht einer großen Menagerie; in und bei den

Hütten findet sich vom Papagei und Affen bis zum Tapir, dem Adler und der Eidechse alles, was da kreucht und fleucht; man kennt selbst die Kunst, das Gefieder der Vögel zu färben, aber keines dieser Tiere wird des Fleisches oder sonstigen wirtschaftlichen Nutzens wegen gezüchtet; selbst die Eier der zahlreich gehaltenen Hühner werden nicht gegessen. Die Tiere sind dem Indianer Wesen, die dem Menschen nahe stehen, an denen er sein Vergnügen hat; aber ersichtlich steht diese Tierhaltung in viel näherer Verbindung mit der Jagd als mit dem Ackerbau. Manche Verwandtschaft hat damit die Stellung des Schweines im Haushalt der Oceanier: es wird von der ganzen Familie gehätschelt; seine Jungen werden nicht selten von den Frauen gesäugt; aber sein Fleisch wird nur an Festtagen von den Vornehmen gegessen. Das einzige Tier, welches bei allen Naturvölkern verbreitet ist, ist der Hund; aber auch er ist reines Luxustier, zur Jagd wird er fast nirgends verwendet, nur einzelne Stämme essen sein Fleisch, und man will beobachtet haben, daß dies durchweg auch solche seien, die dem Kannibalismus ergeben sind. (Anhang III.)

Im großen und ganzen wird man darnach der Viehzucht keine Bedeutung für die Nahrungsmittelproduktion der Naturvölker zusprechen können; sie bildet in ihrer Wirtschaft fast nur ein konsumtives Element.

Aber die Bedürfnisse dieser Völker beschränken sich nicht auf die Nahrung. Auch die niedrigst stehenden unter ihnen bemalen oder zieren auf andere Weise ihren Körper, schnitzen Pfeile und Bogen; die weiter fortgeschrittenen bauen mehr oder weniger dauerhafte Häuser, flechten und weben allerlei Stoffe, schnitzen Geräte, brennen Thongeschirr; alle bereiten die Speisen am Feuer zu und verstehen auch, mit wenigen Ausnahmen, berauschende Getränke herzustellen. Zu dem allem ist mancherlei

2*

Arbeit notwendig, die wir schlechthin mit dem Ausdruck Stoff=
umwandlung oder =Veredelung bezeichnen können und die
in der Hauptsache das umfaßt, was wir Industrie oder Ge=
werbe nennen. Wie war und ist nun diese Arbeit bei den
Naturvölkern geordnet?

Wenn wir diese Frage beantworten sollen, so müssen wir
zwei Dinge scharf unterscheiden: die technische und die wirt=
schaftliche Seite der Industrie.

Die Technik der Stoffumwandlung ist bei den Natur=
völkern in der Regel nur einseitig entwickelt.[1] Ihre Werk=
zeuge sind anfangs nur Naturgegenstände: Steine, Tierknochen,
Muscheln, zugeschärfte Hölzer, fast nur bestimmt, die Kraft=
wirkung der menschlichen Gliedmaßen zu verstärken. Von zu=
sammengesetzten Arbeitsinstrumenten sind bloß die Handmühle
und der Stampfmörser zu nennen. Erstere ist nur ein fest=
liegender und ein beweglicher Stein, auf dem die Getreidekörner
in ähnlicher Weise gemahlen werden, wie auf dem Reibstein
unserer Handwerker die Farben. Der Mörser ist ein aus=
gehöhltes Stück Baumstamm mit einer hölzernen Keule. Die
einfachsten, krafteersparenden mechanischen Hilfsmittel, wie Keil,
Hebel, Zange, Schraube, sind ihnen unbekannt. Ihre Kähne
sind mit Feuer ausgehöhlte Baumstämme oder zusammengenähte
Rindenstücke; die Ruder sind löffelartige Hölzer mit kurzen
Stielen, die fast nur eine Verbreiterung der Handfläche dar=
stellen. Die Kunst, Holzstücke oder anderes hartes Material
durch Zapfen, Nägel, Verzahnung, Leim zusammenzufügen, ist
ihnen verschlossen geblieben; man kennt nur das Zusammen=
binden mittels zäher Faserstoffe oder Seile oder auch bloß der
Ranken von Schlingpflanzen. Die Bearbeitung der Metalle

---

[1] Über das Folgende vergl. man meine Schrift „Arbeit und Rhythmus,"
Leipzig 1896, S. 10 ff.

ist den Australiern, Melanesiern, Polynesiern und den Urbewohnern Amerikas vor dem Eintreffen der Europäer unbekannt; dagegen wird unter den Negervölkern überall die Gewinnung und Verarbeitung des Eisens und stellenweise auch des Kupfers geübt; eine reicher entwickelte Metalltechnik haben nur die Malayen. Aber gerade an der Eisenschmiederei der Neger kann man die ganze technische Unbeholfenheit dieser Völker erkennen. Ihre Schmiede sind nicht einmal darauf verfallen, ihre eigenen Werkzeuge aus Eisen zu machen. Hammer und Amboß sind Steine, und die Zange ist oft nur eine Palmblattrippe.

Trotz dieser technischen Rückständigkeit erzeugen viele Naturvölker mit ihren armseligen Hilfsmitteln Produkte von einer Güte und unter Bethätigung eines künstlerischen Geschmacks, daß sie unsere höchste Verwunderung erregen. Es ist dies nur dadurch möglich, daß sie bestimmte Techniken in der einseitigsten und zugleich umfassendsten Weise zur Anwendung bringen, vor allem die Flechtkunst, die Töpferei, die Holzschnitzerei. Was erzeugen die Tropenvölker nicht alles aus dem Bast- und Fasermaterial ihrer Wälder, zähen Gräsern und Binsen — von den Rindenkleiderstoffen und Matten bis zu den wasserdichten Körben, Schüsseln und Flaschen! Was macht der Indonesier und Ostasiate nicht aus Bambus, von den Balken des Hauses bis zum Wassergefäße, Blasrohr und Musikinstrument! Wie reich ist die Holztechnik der Papuas entwickelt! Und welche Geduld und Ausdauer ist dabei nötig! Um ein Stück Zeug aus Rafiafaser zu weben, braucht man in Madagaskar oft mehrere Monate, und ebenso lange dauert es in Südamerika bis die Indianer eine Hängematte fertig bringen. Das Schleifen und Durchbohren der milchweißen Quarzstücke, welche die Uaupes in Brasilien um den Hals tragen, ist oft das Werk zweier Generationen.

Dies führt uns unmittelbar auf die wirtschaftliche Organisation der Stoffumwandlung. Eigene Berufsarbeiter giebt es dafür, mit wenigen Ausnahmen, nicht. Jede Haushaltung hat alle Bedürfnisse, die nach dieser Richtung unter ihren Gliedern entstehen, durch eigene Arbeit zu befriedigen. Es herrscht die reine Eigenproduktion oder die geschlossene Hauswirtschaft, welche für gewöhnlich des Tausches mit anderen Wirtschaften nicht bedarf, sondern sich selbst genügt. Allerdings hat man auf die Berichte von Reisenden hin, die nach dem äußeren Anschein urteilten, das Vorkommen von Handwerkern bei verschiedenen Naturvölkern behauptet. So soll es auf einzelnen Inseln der Südsee eigene Zimmerleute, Bootbauer, Netzstricker, Steinbohrer und Holzschnitzer geben. Bei näherer Prüfung der einzelnen Fälle hat sich diese Aussage nicht bestätigt. Zweifelhaft liegt die Sache bei den Malayen; nachgewiesen scheinen mir nur autochthone Metallarbeiter. In ganz Afrika giebt es bei den Negern nur ein berufsmäßig ausgebildetes Handwerk, das des Schmiedes; doch nehmen diejenigen, welche es treiben, eine eigenartige soziale Sonderstellung ein, auf die ich noch an anderer Stelle kurz einzugehen habe. Ich sehe hier von den Halbkulturvölkern des Sudans ab, wo es in der That eine Art Handwerkerstand giebt. Sonst aber geht alles, was man unter den Naturvölkern von berufsmäßiger Industrie gefunden haben will, darauf zurück, daß entweder einzelne besonders für eine Technik beanlagte Individuen in das Beobachtungsfeld der Reisenden traten oder daß ganze Stämme eine besondere häusliche Kunstfertigkeit mit Vorliebe betrieben, worüber wir sogleich noch näheres hören werden. Von Berufsarten, die sich erst unter europäischen Einflüssen gebildet haben, müssen wir hier natürlich absehen.

Jede Familie in einem Stamme führt also eine autonome

Wirtschaft, welche alle Mittel zur Befriedigung ihrer Bedürfnisse zu liefern hat. Die Gesamtheit der dafür erforderlichen Arbeiten ist zwar ein für alle Mal durch die scharfe Begrenzung der Pflichtenkreise beider Geschlechter geordnet. Aber diese Sonderung von Männer- und Frauenarbeit ist himmelweit verschieden von unserer Wirtschaftsordnung, bei welcher dem Manne normaler Weise die gesamte Erwerbsthätigkeit und der Frau die Haushaltung obliegt. Vielmehr hat bei den Naturvölkern sozusagen eine Längsteilung der Wirtschaft stattgefunden, dergestalt, daß jedes Geschlecht einen bestimmten Teil der Produktion und der Haushaltung für sich hat: die Frau alles, was mit der Gewinnung und Zubereitung von Pflanzenstoffen zusammenhängt, der Mann die Jagd, den Fischfang, die Viehzucht, die Herstellung der Waffen und Geräte dafür, die Bearbeitung der Tierknochen und Häute, den Bau der Kanoes. Oft besorgt der Mann auch das Braten der Fleischspeisen, während der Frau neben der Landwirtschaft das mühsame Mahlen des Getreides, das Anfertigen und Brennen der irbenen Kochtöpfe und vielfach auch der Bau der Hütte zufällt. Das Spinnen, Weben und Flechten ist bald dem einen, bald dem anderen Geschlechte zugeteilt; immer aber ist diese Trennung durch Sitte und Herkommen so befestigt, daß niemand wagen würde, in das Thätigkeitsgebiet eines anderen Geschlechtes einzugreifen. Ja sie setzt sich auch noch bis in die Konsumtion hinein fort, indem niemals Männer und Frauen zusammen essen und wo Polygamie besteht, für jede Frau eine gesonderte Hütte vorhanden sein muß.[1])

Wir können auf diesen eigentümlich ausgebildeten Dualismus der Hauswirtschaft bei den Naturvölkern hier nicht

---

[1]) Näheres in meiner Entstehung der Volkswirtschaft (2. Auflage), S. 86 ff.

näher eingehen. Wohl aber haben wir festzustellen, daß die so der Vereinzelung anheimgegebene Arbeit der Hausgenossen nicht für alle Aufgaben des Wirtschaftslebens ausreichen kann. Hier hilft man sich zunächst dadurch, daß bei Arbeiten, welche die Kräfte des einzelnen Hauses übersteigen, die Nachbarn zu Hilfe gebeten oder daß sie gleich für alle zusammen von der ganzen Dorfgemeinde verrichtet werden. So in Afrika die Anrodung von Waldstücken zur Feldbestellung, die Anlegung von Verhauen und Gruben zum Fang wilder Tiere, die Elephantenjagd, in Polynesien die Anfertigung großer Fischnetze, der Bau großer Häuser, das Backen der Brotfrüchte in einem gemeinsamen Ofen und Ähnliches. Wo die Sippenverfassung besteht oder die Sklaverei oder die Vielweiberei, bieten diese die Mittel zu einer Vermehrung der häuslichen Arbeitskräfte. In gewissen Fällen durchbricht man auch die Geschlossenheit der Hauswirtschaft und greift zum Tausche. Hierbei müssen wir aber etwas weiter ausholen.

Man hat über den Tauschverkehr unter den Naturvölkern in weiten Kreisen recht unklare Vorstellungen. Wir wissen, daß in ganz Centralafrika von den portugiesischen Besitzungen im Westen bis zu den deutschen im Osten alle paar Meilen sich ein Marktort findet, an dem alle 4—6 Tage die umwohnenden Stämme zum gegenseitigen Austausch sich treffen; wir hören von den Malayen in Borneo, daß jedes größere Dorf seinen Wochenmarkt besitzt, und schon die ersten Entdecker der Südsee-Inseln berichten von weiten „Handelsfahrten," welche die Eingeborenen von Insel zu Insel unternehmen, um ihre Produkte gegen einander auszutauschen. In Amerika hat man bestimmte Erzeugnisse, zu denen das Rohmaterial nur an einer einzigen Stelle sich findet, z. B. Pfeilspitzen und Steinbeile aus bestimmten Steinarten, durch einen großen Teil des Kontinents verbreitet gefunden, und selbst unter den Urbewohnern Australiens hat man Beispiele, daß gewisse, nur an einem Punkte vorkommende Naturgaben (z. B. Pitscheri= Blätter, Ockerfarbe) durch einen großen Teil des Landes ver= breitet werden. Man sieht in solchen Vorkommnissen einen neuen und interessanten Beleg für die kulturverbreitende Macht des Handels, die man ja auch in der Urgeschichte Europas überall da als wirksam annimmt, wo Industrieprodukte weit von ihren ursprünglichen Erzeugungsstätten durch Gräberfunde oder auf ähnliche Weise zu Tage gefördert werden. Unsere Prähistorik hat daraus ein ganzes Spinnengewebe von Vermutungen zu= sammengeflochten; sie hat es sogar bis zu vorgeschichtlichen „Industriebezirken" gebracht, und ihr ähnlich spricht unsere ethnographische Litteratur von Industrieplätzen für Waffen= fabrikation und Mattenflechterei in Borneo, für Töpferei an mehreren Stellen Neu=Guineas, für Schiffsbau in einigen Küstendistrikten der Duke of York=Gruppe u. s. w.

Dem gegenüber muß festgestellt werden, daß ein Handel im nationalökonomischen Sinne, d. h. ein regelmäßiger, beruflich organisierter Wareneinkauf zum Zwecke des Wiederverkaufs mit Gewinn sich bei den Naturvölkern nirgends nachweisen läßt. Wo wir in Afrika Eingeborene als Händler antreffen, da haben wir es entweder mit einer Vermittelungsthätigkeit zu thun, die durch europäische und arabische Kaufleute hervorgerufen ist oder mit Erscheinungen, die der Halbkulturwelt des Sudan angehören. Unter den Eingeborenen besteht sonst überall nur ein Tausch= verkehr von Stamm zu Stamm, der in der ungleichen Ver= teilung der Naturgaben und der verschiedenen Entwickelung der Produktionstechnik bei den einzelnen Stämmen seine Ur= sache hat. Zwischen den Angehörigen desselben Stammes aber findet ein regelmäßiger Tauschverkehr von Wirtschaft zu Wirt=

schaft nicht statt; er kann nicht stattfinden, weil es an einer berufsmäßigen Gliederung der Bevölkerung fehlt, die allein ein dauerndes Auf-einander-angewiesen-Sein der Hausstände begründen könnte.

Man denkt sich die Entstehung des Tausches so leicht, weil der Kulturmensch gewohnt ist, alles, was er braucht, fertig auf dem Markte und in den Magazinen vorzufinden und gegen Geld erlangen zu können. Dem Naturmenschen aber sind Wert und Preis, bevor er mit höher entwickelten Nationen Bekanntschaft machte, durchaus nicht geläufige Vorstellungen gewesen. Die ersten Entdecker Australiens machten übereinstimmend sowohl auf dem Festlande als auf benachbarten Inseln die Erfahrung, daß die Eingeborenen vom Tausche keinen Begriff hatten;[1] die Schmucksachen, welche man ihnen anbot, ließen sie völlig gleichgiltig; Geschenke, welche man ihnen aufgedrängt hatte, fand man später in den Wäldern zerstreut, wo sie dieselben achtlos hatten liegen lassen. Die gleiche Erfahrung machten Ehrenreich[2] und K. von den Steinen[3] noch 1887 bei den Indianerstämmen Brasiliens. Und dennoch bestand hier ein lebhafter Verkehr von Stamm zum Stamm, bei welchem Töpfe, Steinbeile, Hängematten, Baumwollfäden, Halsketten aus Muschelstücken und viele andere Erzeugnisse übertragen wurden. Wie war das möglich ohne Tausch und Handel?

Die Lösung dieses Rätsels ist einfach genug, und sie ist jetzt auch durch Beobachtung an Ort und Stelle bestätigt, nachdem man sie vorher nur hatte vermuten können. Die Übertragung erfolgte auf dem Wege des Geschenkes, unter Um-

---

[1] Quellenbelege bei Sartorius von Waltershausen, Zeitschrift für Sozial- und Wirtschaftsgeschichte, IV, S. 5 ff.
[2] Beiträge zur Völkerkunde Brasiliens, S. 53.
[3] Unter den Naturvölkern Central-Brasiliens (2. Aufl.), S. 287 ff.

ständen auch des Raubes, der Kriegsbeute, des Tributs, der Vermögensstrafe, der Entschädigung, des Spielgewinnes. Zwischen Angehörigen des gleichen Stammes herrscht für Nahrungsmittel fast Gütergemeinschaft; es gilt dem Diebstahl gleich, bei Schlachtung eines Stückes Vieh dem Nachbar nicht mitzuteilen, oder wenn gegessen wird, den Vorübergehenden nicht einzuladen. Jeder kann in eine beliebige Hütte eintreten und Speise verlangen, die ihm nie verweigert wird. Ganze Gemeinden besuchen im Falle einer Mißernte ihre Nachbarn, um sich von diesen eine Zeit lang unterhalten zu lassen. Für Gebrauchsgegenstände und Werkzeuge besteht die allgemeine Sitte des Leihens, die geradezu das Gepräge der Verpflichtung annimmt. So ist innerhalb des Stammes, wo alle Hausstände das Gleiche produzieren und im Notfalle einander aushelfen, überschüssige Vorräte aber nicht anders zu verwerten sind als durch den Konsum, kein Anlaß, Güter gegen speziellen Entgelt von Wirtschaft zu Wirtschaft zu übertragen außer etwa beim Frauenkauf und bei der Entrichtung von Gaben an den Medizinmann, den Sänger, den Tänzer, den Spielmann, die einzigen Personen, welche eine Art von abgesondertem Beruf betreiben.

Von Stamm zu Stamm herrschen die Regeln der Gastfreundschaft,[1]) die sich ziemlich übereinstimmend bei allen Naturvölkern wiederholen. Der ankommende Fremdling erhält beim Eintreffen ein Geschenk, das er nach einiger Zeit durch eine Gegengabe erwiedert, worauf ihm beim Abschied noch ein zweites Geschenk gereicht wird.[2]) Von beiden Seiten können

---

[1]) Über diese vgl. K. Haberland, Die Gastfreundschaft auf niederen Kulturstufen: Ausland 1878, S. 282 ff.

[2]) Das Geschenk ohne Wiedervergeltung gehört überhaupt erst einer höheren Stufe der Kultur an: Richard M. Meyer, Zeitschr. f. deutsche Kulturgeschichte V, S. 18 ff.

bezüglich dieser Gaben Wünsche geäußert werden; das bietet die Möglichkeit, Dinge auf diesem Wege zu erlangen, die man braucht oder wünscht, und man ist des Erfolges um so sicherer, als kein Teil eher seiner Gastpflicht ledig ist, als bis der andere sich mit den Geschenken zufrieden erklärt hat. Unsere Afrikareisenden haben dies ja alle sehr oft zu ihrem Nachteile erfahren müssen; aber sie haben meist auch selbst dieses Mittel gebrauchen gelernt, ohne das es überhaupt nicht möglich wäre, in einem solchen Lande zu reisen.

Daß durch diese Sitte der wechselseitigen Gastgeschenke sich seltene Produkte eines Landes oder Kunstleistungen eines Stammes von Volk zu Volk übertragen und genau so weite Wege von ihrem Ursprungsorte aus zurücklegen konnten wie heute durch den Handel, wird uns vielleicht klarer werden, wenn wir bedenken, wie auf dem gleichen Wege Sagen und Märchen sich über die halbe Welt verbreiten konnten. Es ist fast unbegreiflich, daß man dies so lange hat übersehen können, nachdem schon bei Homer die Sitte der Gastgeschenke durch so manche Beispiele bezeugt ist. Telemachos bringt von Sparta als Gabe des Menelaos ein silbernes Mischgefäß heim, das dieser selbst in Sidon als Gastgeschenk des Königs Phaidimos empfangen hatte, und sein Vater Odysseus empfängt von den Phäaken Kleider und Leinwand und Goldgerät sowie eine ganze Sammlung Dreifüße und Becken. Das alles verbirgt er bekanntlich bei seiner Ankunft auf der heimatlichen Felseninsel Ithaka in der heiligen Grotte der Nymphen. Ich habe oft denken müssen, was geschehen wäre, wenn Odysseus von den Freiern rechtzeitig erkannt und erschlagen worden wäre; die Geschenke der Phäaken hätten bis auf unsere Zeit wohlgeborgen in der Nymphengrotte geruht und wären erst von einem modernen Archäologen wieder ans Licht gefördert worden. Würde er nicht den ganzen Schatz für die Warenniederlage eines reisenden Kaufmanns aus der hellenischen Heroenzeit erklärt haben, zumal er sich darauf hätte berufen können, daß auch der wirkliche Tausch bei Homer in ziemlicher Ausdehnung vorkommt?

Bei manchen Naturvölkern haben sich eigentümliche Sitten erhalten, welche den Übergang vom Geschenke zum Tausche veranschaulichen. Bei den Dieri in Central-Australien z. B. übernimmt ein Mann oder eine Frau die Pflicht, einem andern gegen ein Geschenk einen von diesem gewünschten Gegenstand als Gegengeschenk zu verschaffen, für ihn zu jagen oder eine sonstige Arbeitsleistung zu verrichten. Der so Verpflichtete heißt Yutschin und trägt bis zur Erfüllung seiner Obliegenheit einen Strick um den Hals. Der gewünschte Gegenstand ist in der Regel aus der Ferne herbeizuschaffen. (Anhang IV, 3.) Bei den Indianerstämmen Central-Brasiliens ist der Tausch noch ein Auswechseln von Gastgeschenken, und die Bakaïri übersetzen das portugiesische comprar, kaufen mit einem Worte, welches die Bedeutung hat: sich setzen, weil der Gast sich niederlassen muß, ehe er sein Geschenk empfängt. In den Sudan-Ländern wird das viele Schenken den Reisenden manchmal lästig, „da es oft nur eine versteckte Bettelei ist." „Die Gastgeschenke, welche man im Quartier erhält," bemerkt Staudinger,[1] „gehören zur guten Sitte und sind oft sehr erwünscht. Aber bei jedem Aufenthalt in einer größeren Stadt bekommt man häufig von Hoch und Niedrig Dinge zugesandt, die scheinbar gegeben sind, um dem Weißen Achtung zu bezeugen, in Wirklichkeit aber nur kommen, weil die Spender von der Freigebigkeit des Europäers eine drei- oder vierfache Erwiderung erwarten. Ja, ich bin überzeugt, daß manches

---

[1] Im Herzen der Haussaländer (2. Aufl.), S. 216 f.

arme Weib erst das zu spendende Huhn oder die Ente selbst kaufte, um damit ein Schenkgeschäft zu machen."

Einmal entstanden, bewahrt der Tausch noch lange das Zeichen seines Ursprungs in den Regeln, die mit ihm verbunden sind und die man unmittelbar den Geschenksitten entlehnte. Dies zeigt sich zunächst in der bei den Naturvölkern allgemein den Güterverkehr beherrschenden Sitte der Vorausbezahlung.[1]) Der Medizinmann rührt keine Hand, um dem Kranken zu helfen, ehe er nicht von den Angehörigen sein Honorar, das hier noch sehr nahe mit dem Geschenk verwandt ist, empfangen und ausdrücklich seine Zufriedenheit kund gegeben hat. Kein Kauf wird perfekt, ehe nicht Käufer und Verkäufer vor Zeugen mit dem Empfangenen sich zufrieden erklärt haben. Einen angebotenen Tausch ohne Motivierung abzulehnen, gilt bei den Negern genau so als Beleidigung, wie die Zurückweisung eines Geschenkes bei uns. Daß beim Tausche Leistung und Gegenleistung im Werte einander entsprechen müssen, ist dem Naturmenschen schwer begreiflich zu machen; der Knabe erwartet für eine Arbeit die gleiche Bezahlung wie der Mann, wer eine Stunde geholfen hat, ebenso viel wie derjenige, welcher einen ganzen Tag gearbeitet hat, und da die Begehrlichkeit auf beiden Seiten keine Grenzen kennt, so gehen jedem Tauschabschluß lange Verhandlungen voraus. Ähnliche Verhandlungen pflegen aber auch bei der

---

[1]) Auch die europäischen Kaufleute müssen sich in Afrika dieser Sitte anbequemen, indem sie den schwarzen Handelsvermittlern, deren sie sich bedienen, den Preis der zu liefernden Waren voraus entrichten. Vgl. z. B. Pogge, Im Reiche des Muata Jamwo, S. 11, 140 f. M. Buchner, Kamerun, S. 98 f. Selbst das Opfer an die Gottheit erscheint den Völkern dieser Stufe nur als die Vorausbezahlung für eine zu erwartende Leistung: Hedewelder, Nachricht von der Geschichte, den Sitten und Gebräuchen der Indianischen Völkerschaften, S. 367; vgl. auch S. 405, 411.

Entrichtung von Gastgeschenken stattzufinden, wenn der Empfänger die Gabe seiner Würde nicht entsprechend findet.

Mit der Zeit schafft sich der Tausch von Stamm zu Stamm seine eigenen Einrichtungen, die ihn zu erleichtern bestimmt sind. Die wichtigsten unter diesen sind der Markt und das Geld.

Die Märkte werden übereinstimmend bei Negern, Indianern und Polynesiern an den Stammesgrenzen auf freien Plätzen, oft mitten im Urwald abgehalten. Sie sind neutrale Gebiete, auf welchen alle Stammesfeindschaften ruhen müssen; wer den Marktfrieden bricht, setzt sich den strengsten Strafen aus. Jeder Stamm bringt auf den Markt, was ihm eigentümlich ist, der eine Honig, der andere Palmwein, ein dritter getrocknetes Fleisch, wieder ein anderer Thongeschirr oder Matten oder Gewebe.[1]) Der Eintausch bezweckt, Produkte zu erlangen, die im eigenen Stamme gar nicht oder doch nicht so gut und kunstvoll erzeugt werden können, wie bei den Nachbarstämmen. Das muß dann jeden Stamm wieder veranlassen, diejenigen seiner Erzeugnisse in überschüssiger Menge hervorzubringen, welche bei anderen sie nicht selbst gewinnenden Stämmen geschätzt sind, weil es am leichtesten ist, gegen diese das zu erlangen, was man nicht selbst besitzt, was jedoch andere im Überflusse hervorbringen. In jedem Stamme aber erzeugt jede Einzelwirtschaft die bevorzugte marktgängige Tauschware, und dies

---

[1]) Obwohl viele Naturvölker sich bereit finden lassen, gegen europäische Waren, die sie kennen und schätzen gelernt haben, alles herzugeben, so bleibt doch ihr regelmäßiger Tauschverkehr ein durchaus einseitiger, auf wenige Artikel beschränkter. Manche Gegenstände ihres täglichen Gebrauchs sind von ihnen um keinen Preis zu haben, insbesondere Schmuckgegenstände. Vgl. z. B. Finsch, Samoafahrten, S. 108, 119, 236, 283 f., 315. Martius a. a. O., S. 89, 596. Zeitschrift für Ethnographie XVII, S. 24, 62. Livingstone a. a. O. I, S. 257.

bewirkt, wenn es sich um ein hausgewerbliches Erzeugnis wie Thongeschirr oder Rindenzeug handelt, daß ganze Dorfschaften und Stammgebiete den Reisenden wie große Industriebezirke erscheinen, obwohl es keine Berufshandwerker giebt und jede Familie alles selbst herstellt, was sie braucht, mit Ausnahme der wenigen nur bei fremden Stämmen gemachten Artikel, an die man sich gewöhnt hat und die ihnen der Tausch als bloße Lückenbüßer der Eigenproduktion verschafft.

Das ist der einfache Mechanismus des Marktes bei den Naturvölkern. Und nun das Geld! Wie viel ist über die mancherlei Geldarten bei den Naturvölkern geschrieben und vermutet worden,[1]) und wie einfach erklärt sich doch ihre Entstehung! Geld ist für jeden Stamm diejenige Tauschware, die er nicht selbst hervorbringt, wohl aber von Stammfremden regelmäßig eintauscht. Denn sie wird ihm naturgemäß zum allgemeinen Tauschmittel, gegen das er seine Produkte hingiebt; sie ist für ihn das Wertmaß, nach dem er den eigenen Besitz schätzt, der in anderer Weise gar nicht liquidierbar ist; in ihr erblickt er seinen Reichtum, denn er kann sie nicht willkürlich vermehren; sie wird auch bald unter Stammesgenossen zur Wertübertragung benutzt, denn sie ist wegen ihrer Seltenheit allen gleich willkommen. Daher die von unseren Reisenden so häufig beobachtete Erscheinung, daß in jedem Stamme, ja oft von Dorf zu Dorf ein anderes Geld üblich ist, daß eine Sorte Muscheln oder Perlen oder Baumwollzeug, für die man heute alles kaufen kann, schon am Orte

---

[1]) R. Andree, Ethnogr. Parallelen und Vergleiche, Stuttgart 1878, S. 221 ff. O. Lenz, Über Geld bei den Naturvölkern, Hamburg 1895. F. Ilwof, Tauschhandel und Geldsurrogate in alter und neuer Zeit, Graz 1882. H. Schurz, Beiträge zur Entstehungsgeschichte des Geldes: Deutsche geogr. Blätter (Bremen), XX (1897), S. 1—66. — Vgl. Intern. Archiv für Ethnogr. VI, S. 57.

des nächsten Nachtlagers von niemanden mehr genommen wird, was dann wieder die Folge nach sich zieht, daß sie erst die gangbare Tauschware kaufen müssen, ehe sie auf dem Markte sich versorgen können. Daher auch die weitere Beobachtung daß in der Natur sehr selten vorkommende Tauschwaren, wie Salz, Kaurimuscheln, Kupferbarren, oder Erzeugnisse seltener Kunstfertigkeit, wie Messingdraht, eiserne Spaten, thönerne Tassen, bei vielen Stämmen, die ihrer entbehren, als Geld genommen werden.

So entstehen für gewisse Geldarten größere Umlaufsgebiete; sie bringen auch in den inneren Verkehr der Stammgenossen ein, indem sie als Zahlungsmittel bei Brautkauf, Buße, Steuer und dergl. verwendet werden; gewisse Arten von Verträgen werden in ihnen geschlossen; aber es fehlt doch an Beispielen, daß ein Naturvolk ohne europäischen Einfluß zu einer Währung, einem gesetzlichen Zahlungsmittel für Verpflichtungen jeder Art und Höhe, gelangt wäre. Vielmehr bleiben in der Regel verschiedene Geldarten neben einander im Gebrauch, und sehr oft können bestimmte Verpflichtungen nur in bestimmten Geldarten gelöst werden. Änderungen im Geldgebrauche sind nicht allzu selten; aber umgekehrt finden wir auch Beispiele, daß eine Geldart lange den Verkehr der Stämme überdauert, aus dem sie hervorgegangen ist und dann im inneren Gebrauche eines Stammes fortgesetzt eine seltsame, fast dämonische Rolle spielt, obwohl diese Menschen unter sich für ihren Lebensunterhalt nichts zu kaufen und zu verkaufen haben. Aus einem derartig abgebrochenen alten Stammverkehr erklärt sich wohl der Geldgebrauch alter chinesischer Porzellangefäße bei den Bagobos auf Mindanao und den Dayak auf Borneo, das Muschelgeld (Dewarra) der Melanesier und die sonderbaren Geldarten des Carolinen-Archipels, bei denen es eigener Gesetze und Staatseinrichtungen bedarf, um diesen toten Besitz überhaupt in Zirkulation zu erhalten.¹) Sonst mischt sich der Staat in der Regel nicht in diese Dinge ein, und in den größeren Staatsgebilden Afrikas, wie in dem Reiche des Muata Jamwo, bestehen darum von Stamm zu Stamm verschiedene Geldarten. Aber auch wo eine Geldart ein größeres Umlaufsgebiet gewinnt, schwankt ihr Wert auf den verschiedenen Marktplätzen zwischen sehr weiten Grenzen; im allgemeinen nimmt er aber in dem Maße zu, als man sich vom Ursprungsorte des Geldstoffes entfernt.²)

Markt und Geld hängen eng zusammen, soweit das Geld in seiner Eigenschaft als Tauschmittel in Betracht kommt; aber nicht jede einzelne Geldart, die sich bei einem Naturvolke findet, muß aus dem Marktverkehre hervorgegangen sein. In seiner vollen Ausbildung ist das Geld eine so verwickelte soziale Erscheinung, daß die Vermutung nahe liegt, es seien in ihr verschiedene Entwickelungsmomente zusammengeflossen. So scheint z. B. das Viehgeld seine Wurzel in der Thatsache zu finden, daß die Haustiere bei den betreffenden Völkern die Repräsen-

---

¹) Ich kann auf diese Dinge hier nicht näher eingehen und verweise auf die interessanten Schilderungen von Kubary, Ethnographische Beiträge zur Kenntnis des Carolinen-Archipels, S. 1 ff. und Parkinson, Im Bismarck-Archipel, S. 79, 101 ff.

²) So berichtet Cecchi, Fünf Jahre in Ostafrika. S. 271: „Je nach dem größeren oder kleineren Werte der Salztafel auf den Märkten dieses Teils von Ostafrika könnte man ungefähr die Entfernung von dem Orte berechnen, woher dieses Geld kommt, sowie auch die größere oder geringere Gangbarkeit der Wege beurteilen, auf welchen sie von Karawanen transportiert wird. So erhält man an dem Orte ihres Ursprungs bei den Taltal nach den Angaben einiger Reisenden für einen Thaler mehrere Hundert Salztafeln. In Uorailu, dem nördlichen Markte Schoas, der von dem Lande der Taltal etwa 200 Meilen entfernt liegt, schwankt ihr Wert zwischen 15 und 20 für den Thaler. In Ankober, 80 Meilen von Uorailu, geht der Wert zurück auf 9 und 9¹/₂ und im Gera, 230 Meilen über Ankober hinaus, erhält man nach den Umständen nur 6, 5, 4 oder 3 Salztafeln auf den Thaler."

tanten des Reichtums und das Mittel der Vermögens-Ansammlung bildeten. Auch die Beobachtung, daß manche Stämme für den Brautkauf und ähnliche Zwecke die gangbare Geldart nicht zulassen, sondern dafür bestimmte andere Vermögensstücke vorschreiben, scheint auf die Zulässigkeit der Annahme hinzuweisen, es möchten neben der Hauptströmung noch verschiedene Nebenströmungen bei der völligen Ausbildung des Geldwesens wirksam gewesen sein.

Für die gesamte Kulturentwickelung der Menschheit bleibt von den Ergebnissen dieser Betrachtung aber doch die Thatsache am wichtigsten, daß in dem Gelde als der bevorzugten Tauschware, ein Mittel gefunden war, welches die Menschen von Stamm zu Stamm in regelmäßigem, friedlichem Verkehre verband und einer Differenzierung der Stämme in Rücksicht der Produktion die Wege bahnte. Darin, daß alle Angehörigen des gleichen Stammes oder Dorfes ein bestimmtes Produktionsgebiet neben dem Nahrungsmittelerwerb mit Vorliebe anbauten, lag allein die Möglichkeit eines Fortschritts der technischen Einsicht und Geschicklichkeit; es war eine internationale Arbeitsteilung im Kleinen, der erst viel später die nationale Arbeitsteilung folgte. Und auch die unmittelbare Bedeutung des Marktes für den persönlichen Verkehr darf man auf dieser Stufe nicht unterschätzen, zumal in Ländern, wo ein Gütertausch außerhalb des Marktes so ungewöhnlich ist, daß man selbst die Reisenden, welche etwas aus der Hand kaufen möchten, regelmäßig mit den Worten abweist: „Kommt auf den Markt!" Man wird dabei unwillkürlich an die hervorragende Stellung erinnert, welche der Markt im sozialen und politischen Leben der Völker des klassischen Altertums einnahm.

Immer aber ist es eine sehr einseitige Fortentwickelung, welche die eben geschilderte Organisation der Produktion und des Austausches den einzelnen Stämmen allein gestattet, und es erklärt sich wohl daraus die außerordentlich auffallende Erscheinung, daß im Innern der Kontinente, wo keine Verkehrsschwierigkeiten der Übernahme gewisser Kunstfertigkeiten von Stamm zu Stamm im Wege stehen, doch Völkerschaften von sehr altertümlichem wirtschaftlichem Gepräge neben solchen von höherer Entwickelung sich durch die Jahrtausende hindurch erhalten konnten. Eines der merkwürdigsten Beispiele dieser Art bietet das centralafrikanische Zwergvolk der Batua oder Akka, welches noch ganz auf der Stufe der niederen Jäger steht, sich streng innerhalb der Urwaldzone hält, aber an bestimmten Tagen auf den Marktplätzen der umwohnenden Negerstämme sich einstellt, um das Haupterzeugnis seiner Wirtschaft, getrocknetes Wildfleisch, gegen Bananen, Erdnüsse, Mais und dergl. umzutauschen. Ja an einigen Stellen hat sich noch eine ältere Form des Tauschverkehrs dieser Zwergmenschen mit ihren Nachbarn erhalten, indem die Batua zur Zeit der Fruchtreife in die Felder der Neger einbrechen, Bananen, Knollen und Getreide rauben und dafür ein Aequivalent in Fleisch zurücklassen.[1]

---

[1] Casati, Zehn Jahre in Aequatoria I, S. 151. Schweinfurth, Im Herzen von Afrika II, S. 131 ff. Dr. W. Junkers Reisen in Afrika III, S. 86 ff. Wißmann, Wolf ꝛc. Im Innern Afrikas, S. 256, 258 ff. — Ähnliches berichtet W. Geiger, Ceylon, Tagebuchblätter und Reiseerinnerungen (Wiesbaden 1897) von den Wäddas: „Interessant ist die Art, wie sich der Wädda seine Pfeilspitzen, die er nicht selbst verfertigt, zu verschaffen weiß. Er begiebt sich nächtlicher Weile vor die Wohnung eines singhalesischen Schmiedes und legt hier ein Blatt nieder, das in die gewünschte Form gebracht ist. Dazu fügt er irgend ein Geschenk, wilden Honig, ein Tierfell oder Ähnliches. In einer der nächsten Nächte kommt er wieder und erwartet nun, das Bestellte vorzufinden. Ist er zufrieden, so legt er wohl noch eine besondere Gabe am Platze nieder. Die Schmiede zögern nie, die Bestellung sofort auszuführen. Thun sie es nicht, so dürfen sie sicher sein, bei nächster Gelegenheit einen Pfeilschuß zu bekommen. Auch ist ihre Arbeit durch das, was der Wädda dafür giebt, reichlich bezahlt."

Der Umstand, daß die Batua geschickte Jäger sind, scheint hier die Folge gehabt zu haben, daß die umwohnenden Stämme die Fleischproduktion in Jagd und Viehzucht vernachlässigt haben; umgekehrt sollen die Zwerge nicht einmal ihre Waffen selbst anfertigen, sondern sie von den Momsu und anderen Stämmen eintauschen.

Ein anderes noch viel weiter reichendes Beispiel dieser einseitigen Entwickelung bieten die Schmiede, welche nicht bloß bei vielen Stämmen Afrikas, sondern vereinzelt auch in Asien und im südöstlichen Europa eine stammfremde Kaste bilden, deren Angehörige entweder mit scheuer Ehrfurcht betrachtet oder verachtet werden, mit der Masse des Volkes aber weder in eheliche noch sonst eine soziale Verbindung treten können.[1]) Man hat diese seltsame Erscheinung seither damit erklärt, daß es sich um Trümmer unterworfener Stämme handle, welche die ihren Besiegern fremde Kunstfertigkeit der Metallbearbeitung vor der Vernichtung bewahrt habe. Es ließe sich aber auch denken, daß eine freiwillige Zerstreuung solcher Stämme stattgefunden habe und daß eben die verschiedene Nationalität in Verbindung mit der Ausübung einer Kunst, welche allen anderen fremd war und blieb, sie außerhalb der Volksgemeinschaft stellte, wo immer sie sich niederließen.

Vereinzelt führt der einseitige Betrieb einer solchen Stammindustrie zur Entstehung von Völkern, welche die Reisenden als Handelsvölker zu bezeichnen pflegen, weil man sie auf allen Märkten eines größeren Gebietes trifft und sie für die umwohnenden Stämme die Vermittelung gewisser Waren ganz in Händen haben. Ein typisches Beispiel dafür bieten die Kioko (Kioque, Kiboque) und die Kanjoka im südlichen Teile

---

[1]) R. Andree, Ethnographische Parallelen und Vergleiche, S. 153 ff.

des Kongobeckens. Von den letzteren berichtet Wißmann:[1] „Das Land der Kanjoka ist außergewöhnlich reich an Eisen, und es giebt hier ausgezeichnete Schmiede. Auch Salz wird gewonnen, sobaß die Kanjoka mit den Produkten ihres Landes und Erzeugnissen ihrer Eisenindustrie nach Süden bis zu den Lunda Handelsreisen machen." Die Kioko wohnen im Lundareiche selbst, und zwar zerstreut unter den Kalumba, besitzen aber ihre eigenen Häuptlinge, die dem Muata Jamwo tributär sind. Die Kioko lieben es, ihre Dörfer im Walde anzulegen; denn sie sind in erster Linie tüchtige Jäger, beuten ihre Wälder auf Gummi aus und betreiben eine Art wilder Bienenzucht, um Wachs zu gewinnen. Aber sie sind auch geschickte Schmiede und verfertigen als solche nicht nur gute Beile, sondern verstehen es auch, alte Steinschloßgewehre wieder in Stand zu setzen und sogar mit neuen Schäften und Kolben zu versehen. Sie kleiden sich in Tierfelle; von der Kunst, Gewebe aus vegetabilischen Stoffen herzustellen, verstehen sie wenig. Ihre Weiber pflanzen hauptsächlich Maniok, Mais, Hirse, Erdnüsse und Bohnen. Die Produkte, welche die Kioko durch die Ausbeutung ihrer Wälder gewinnen, tauschen sie an der Westküste gegen Waren, vorzugsweise Pulver, aus, mit welchen sie darauf tief ins Innere ziehen, um Elfenbein und Sklaven zu kaufen. Das Elfenbein, welches sie eintauschen, verhandeln sie, während sie die erworbenen Sklaven ihrem Haushalt einverleiben. Die Kioko schätzen vor allem den Sklaven als Besitztum. Sie behandeln die Sklavenweiber als ihre Frauen, die Männer als Familienmitglieder und trennen sich sehr ungern von ihnen, sobaß im Kioko-Lande dem Reisenden nur ausnahmsweise Sklaven zum Verkaufe angeboten werden. Auf ihren Jagd-

---

[1] Zweite Durchquerung Afrikas, S. 84.

zügen sind sie am weitesten nach Osten vorgedrungen, und dort pflegen sie, ehe sie die Rückreise nach ihrer Heimat antreten, stets einen Teil ihrer Gewehre gegen Sklaven umzutauschen. Sie selbst bewaffnen sich dann inzwischen wieder mit Pfeil und Bogen. Sie genießen mit Recht den Ruf, ebenso gute Jäger als auch verschlagene und gewissenlose Händler zu sein, welche es meisterhaft verstehen, die gutmütigeren und trägeren Kalunda zu übervorteilen und zu verdrängen.[1])

Dieses Bild wiederholt sich öfter in den Negerländern. Man sieht leicht, daß es in keine der gewohnten wirtschaftsgeschichtlichen Kategorien paßt. Die Kioko sind kein Jägervolk, keine Nomaden, keine Ackerbauer, kein Industrie- und Handelsvolk, sondern alles dies zugleich. Sie vermitteln einen Teil des Verkehrs mit den Faktoreien der Europäer an der Küste und treiben dabei auch etwas Zwischenhandel, wobei die natürliche Veranlagung zum Schachern, welche dem Neger eigen ist, zur Entfaltung kommt. Wie von da aus der Weg zum eigentlichen „Handelsvolk" aufwärts führt, läßt sich nun unschwer verfolgen. Aber wir können uns hier darauf nicht einlassen.

Wir wollen vielmehr noch einen flüchtigen Blick auf das Verkehrswesen und den öffentlichen Haushalt werfen, um keinen wichtigen Teil der Wirtschaft der Naturvölker unberührt zu lassen. Beide hängen eng zusammen. Denn der Verkehr ist im wesentlichen öffentliche Angelegenheit; private Verkehrseinrichtungen giebt es bei diesen Völkern überhaupt nicht.

Was nun zunächst die Verkehrswege betrifft, so giebt es solche auf dem festen Lande nur dann, wenn sie der Fuß des Menschen getreten hat; die einzigen künstlichen Anlagen, um den Landverkehr zu erleichtern, sind primitive Brücken, oft

---

[1]) Nach Pogge, Im Reiche des Muata Jamwo, S. 45 bis 47 und Wißmann, Wolf ꝛc., Im Innern Afrikas, S. 59, 62.

nur aus einem einzigen Baumstamm bestehend, oder Fähren bei Flußübergängen, für deren Benutzung der Reisende an den Dorfherrn eine Abgabe zu zahlen hat, die in der Regel zu schweren Erpressungen Anlaß giebt.[1]) Dagegen werden die natürlichen Wasserwege überall fleißig benutzt, und es giebt kaum ein Naturvolk, das nicht durch Meeres- oder Flußlage auf den Gebrauch irgend eines eigentümlichen Fahrzeuges geführt worden wäre. Die Aufzählung und Beschreibung dieser Vehikel könnte ein ganzes Buch füllen; von dem Einbaum und Rindenkahn der Indianer bis zu den kunstvoll geschnitzten Ruder- und Segelbooten der Südseeinsulaner sind alle Typen vertreten; im ganzen aber ist die Technik des Schiffsbaues und der Schifffahrt bei diesen Völkern doch unentwickelt geblieben; keines ihrer Fahrzeuge verdient im eigentlichen Sinne den Namen eines Schiffes, und so beschränkt sich denn auch überall ihre Bedeutung auf den Personenverkehr und den Fischfang, während es zu einem Güterverkehr von einigem Belang nirgends gekommen ist.

Merkwürdiger Weise ist derjenige Zweig des Verkehrswesens bei den Naturvölkern am reichsten entwickelt, der uns leicht nur als Ergebnis höchster Kultur möglich erscheint: der Nachrichtenverkehr. Ja er bildet die einzige Verkehrsart, für welche die Naturvölker dauernde Organisationen geschaffen haben. Ich meine das Botenwesen und die Fernsprecheinrichtungen. Beide sind wesentlich als Mittel primitiver Regierungskunst aufzufassen.

Die Entsendung von Boten und Gesandtschaften an Nachbarstämme im Krieg und Frieden führt bereits auf sehr

---

[1]) Vgl. Pogge a. a. O., S. 64, 70, 78, 95, 97, 115, 169. Wißmann, Unter deutscher Flagge quer durch Afrika, S. 243, 361, 364, 394 und Zweite Durchquerung, S. 56.

niederer Entwickelungsstufe zur Ausbildung eines ganzen Systems symbolischer Zeichen und Verständigungsmittel.¹) So finden wir schon bei den rohen Stämmen im Innern Australiens verschiedene Arten der Körperbemalung, des Kopfschmuckes und andere konventionelle Zeichen, um einem Nachbarstamme den Eintritt eines Todesfalles, die Abhaltung eines Festes oder eine drohende Gefahr anzuzeigen, die Stammgenossen zu irgend einem Zwecke zusammenzurufen und dergl.²) Bei den Eingeborenen Südamerikas verrichten künstlich verknotete Stricke oder Lederriemen (Quippus), bei den Nordamerikanern der bekannte Wampum dieselben Dienste;³) in Afrika sind Boten-Stäbe mit oder ohne eingeschnittene Zeichen gebräuchlich, und ähnliches findet sich bei Malayen und Polynesiern. Im Notfalle haben die Boten ihren Auftrag auswendig zu lernen und mündlich zu übermitteln.⁴) In den Negerreichen, wo die Regierungsgewalt des Herrschers nur so weit reicht, als er persönlich einzugreifen im stande ist, haben die Häuptlingsboten eine sehr wichtige Stellung: durch sie ist das Oberhaupt gleichsam überall gegenwärtig, und neue Ereignisse gelangen mit überraschender Schnelligkeit zu seiner Kenntnis. Aber auch für die Verständigung der Stammgenossen unter einander, z. B. auf der Jagd, im Kriege, besteht eine oft sehr kunstreich ausgedachte Verkehrssymbolik, die dem Uneingeweihten in der Regel verborgen bleibt.

Nicht minder merkwürdig sind die Fernsprech-Einrichtungen, welche auf dem kunstvollen Gebrauche der Trom-

---

¹) Im allgemeinen vgl. R. Andree, „Merkzeichen und Knotenschrift" in s. Ethnogr. Parallelen u. Vergl., S. 184 ff.
²) Näheres im Journal of the Anthropological Institute XX, S. 71 ff.
³) Martius, Zur Ethnographie Amerikas, zumal Brasiliens, S. 98 f., 694. Waitz, Anthropologie der Naturvölker, III, S. 138 ff.
⁴) Livingstone, Neue Missionsreisen, übers. v. Martin, I, S. 297.

mel, des verbreitetsten Musik-Instrumentes der Naturvölker, beruhen. Bald handelt es sich dabei um ein ausgebildetes Signal-System, wie bei den Indianern[1]) und Melanesiern,[2]) bald um eine richtige Wortsprache, durch welche auf weite Entfernungen hin ausführliche Unterredungen geführt werden können, wie vielfach in Afrika.[3]) In der Regel sind nur die Häuptlinge und ihre Anverwandten dieser Trommelsprache kundig, und der Besitz des dazu benutzten Instrumentes bildet ein Zeichen ihrer Würde, wie Krone und Szepter in den zivilisierten Ländern. In geringerer Verbreitung werden auch Feuerzeichen zur Sammlung des Stammes oder zur Mitteilung von Nachrichten verwendet.[4])

Einen öffentlichen Haushalt in unserem Sinne giebt es nicht. Allerdings empfangen die Häuptlinge, wo ihre Macht einigermaßen befestigt ist, allerlei Abgaben in Gestalt von herkömmlich feststehenden Anteilen von der Jagdbeute, Erzeugnissen des Landbaues, Gebühren von der Benutzung von Brücken, Fähren, Marktplätzen, und bei größeren Reichen sind die Unterhäuptlinge zu Tributsendungen verpflichtet.[5]) Aber alles dieses kleidet sich mehr oder weniger deutlich in die Form des Geschenkes, für das der Häuptling ein Gegengeschenk zu gewähren hat, bestünde es auch nur in der Bewirtung, die er dem Überbringer zu Teil werden läßt. Selbst bei den Marktgebühren, die dem Herrn des Marktplatzes von den Verkäufern zu ent-

---

[1]) Martius a. a. O., S. 65.
[2]) Parkinson a. a. O., S. 127, vgl. S. 72, 121. Finsch, Samoafahrten, S. 68.
[3]) Näher beschrieben von M. Buchner, Kamerun, S. 37 f. Wißmann, Wolf c., Im Innern Afrikas, S. 4, 228, 232. Unter deutscher Flagge, S. 215. Stanley, Durch den dunkeln Weltteil, S. 250, 261. Livingstone, a. a. O. I, S. 88.
[4]) Vgl. z. B. Petermanns Mitteilungen XXI (1875), S. 381.
[5]) Näheres bei Post, Afrikanische Jurisprudenz I, S. 261 ff.

richten sind, wird im Kongogebiet eine Gegenleistung gewährt, indem der Häuptling vor den Augen und zur Ergötzung der Marktbesucher einen Tanz aufführt. Von besonderem Interesse für uns sind die Geschenke, welche durchziehende Reisende den Dorfherren, deren Gebiete sie passieren, zu entrichten haben, indem aus diesen unser Zoll entstanden ist. Nicht minder wichtig ist, zu beachten, daß in größeren Reichen die Tribute der unterworfenen Stämme in denjenigen Produkten bestehen, welche jedem Stamme eigentümlich sind und von ihm auf den Markt gebracht zu werden pflegen. Im Lunda-Reiche z. B. bringen einzelne Gebiete Elfenbein oder Tierfelle, andere Salz oder Kupfer, der Norden des Reiches Flechtwaren aus Stroh, die der Küste näher wohnenden Unterhäuptlinge auch wohl einmal Pulver und europäische Baumwollenzeuge.[1]) Dies hat nicht selten dazu geführt, daß solche Oberhäuptlinge einen Handel mit derartigen Produkten, die sich massenweise in ihren Händen sammelten, betrieben oder ein Monopol für dieselben in Anspruch nahmen. Das Wort, welches die Könige zu den ersten Kaufleuten macht, gewinnt also hier eine tiefere Bedeutung.

Im allgemeinen sind die Finanzrechte der Häuptlinge nur durch ihre materielle Macht begrenzt, und das Vermögen der Unterthanen entbehrt des Schutzes, den der Kulturstaat ihm durch das Gesetz gewährt. Die Expeditionen, welche die Negerkönige zur Einsammlung der Tribute und Steuern entsenden, arten nur zu oft in Raubzüge aus; ihr Anrecht auf die Vermögensbußen macht die Rechtspflege häufig zur Erpressungsanstalt, und das Geschenkwesen, welches in allen öffent-

---

[1]) Pogge, Im Reiche des Muata Jamwo, S. 226 f. Vgl. Wißmann, Im Innern Afrikas, S. 171 f., 202, 249, 267, 286, 289. 308. Unter deutscher Flagge, S. 95, 332, 339.

lichen Beziehungen herrscht, wird zu leicht zu einem wahren Bestechungssystem.

Das muß natürlich auf die Privatwirtschaft nachteilig zurückwirken. Bei dem fortgesetzten Fehdezustand, unter dem die kleineren Stämme mit ihren Nachbarn leben, bei der Willkürherrschaft im Innern, welche die Bildung größerer Staaten zu begleiten pflegt, stehen die meisten Naturvölker unter einer steten Bedrohung des Lebens und der Habe, die zwar durch die lange Gewohnheit erträglich wird, aber doch die wirtschaftliche Entwicklung niederhalten muß. Die Verpflichtung, immer und überall zu schenken, die Sitte, Lebensmittel fast als freie Güter zu betrachten, lassen dem Selbstinteresse nur ungenügenden Spielraum. Ein Engländer bemerkt — vom Standpunkte europäischer Wirtschaft gewiß nicht mit Unrecht —, daß dieses durch die Sitte erzwungene Mitteilen die Leute in der Gewohnheit bestärke, der Freßgier zu fröhnen, da nur das ihnen sicher sei, was sie glücklich hinuntergewürgt haben; auch verhindere es eine verständige Vorsorge für die Zukunft, weil es schwer sei, Vorräte irgend welcher Art zu erhalten.[1]) Gewiß mit einigem Grund hat man auch die „Bettelhaftigkeit" und die „Neigung zum Diebstahl," welche viele Naturvölker im Verkehr mit Europäern bethätigen sollen, mit den Geschenksitten und der ungenügenden Unterscheidung von Mein und Dein in Beziehung gebracht.[2]) Ihre Völlerei im Genuß alkoholischer Getränke ist ebenfalls eine Folge geringer Lebensfürsorge. Wenn man aber alle diese Dinge aus den Kulturverhältnissen heraus, aus denen sie hervorgehen, zu würdigen versucht, so erkennt man leicht, daß sie „jenseits von Gut und Böse" liegen und

---

[1]) Tindall bei Fritsch, Die Eingeborenen Südafrikas, S. 351; vgl. auch S. 362.
[2]) Vgl. Waitz, Anthropologie III, S. 163 ff.

daß, was vom Standpunkte des modernen Engländers als Laster erscheint, die schönen Tugenden der Uneigennützigkeit, der Mildthätigkeit, der Freigebigkeit in sich birgt.

Damit darf ich diese flüchtige Übersicht über die Haupterscheinungen im Wirtschaftsleben der Naturvölker abschließen. Ich habe versucht, aus einer ungeheuren Fülle und Mannigfaltigkeit von Einzelbeobachtungen, wie sie uns die Werke der Reisenden darbieten, das Wesentliche, die einheitlichen Züge herauszugreifen und zu einem Gesamtbild zusammenzufassen. So sehr dieses Verfahren geeignet ist, das Verwickelte einfach, das Bunte einfarbig erscheinen zu lassen, so muß ich doch noch vermuten, daß die meisten Züge dieses Bildes seltsam und fremdartig erschienen sind. Und in der That, es liegt hinter ihnen eine von unserem ökonomischen Dasein himmelweit verschiedene Welt: andere Dinge, andere Menschen, andere Gedanken. Aber es ist die schöne Aufgabe des Kulturmenschen, der sich ja zur Herrschaft über die Naturvölker geboren glaubt, daß er sich bemüht, diese fremde Welt zu verstehen. Kann er doch nur dann das Amt des Herrschers und Erziehers, das er sich selber übertragen hat, kulturgemäß und menschenwürdig ausüben.

Für Viele, die sich heute als Kulturbringer ihren schwarzen und braunen Mitmenschen gegenüber gebärden, ist der Naturmensch ein Ausbund aller wirtschaftlichen Untugenden: faul, unordentlich, sorglos, verschwenderisch, unzuverlässig, habsüchtig, diebisch, herzlos, genußsüchtig. Es ist richtig, daß der Naturmensch nur für den Augenblick lebt, daß er jede regelmäßige Arbeit scheut, daß er den Begriff der Pflicht, des Berufes als einer sittlichen Lebensaufgabe nicht kennt. Aber nicht minder wahr ist es, daß er mit seinen ärmlichen Hilfsmitteln im ganzen doch eine Summe von Arbeit leistet, die unsere höchste

Bewunderung erregen muß, mögen wir nun an Ort und Stelle die sauberen Fruchtfelder der Frauen oder in unseren Museen die mit unendlicher Mühsal hergestellten Waffen und Geräte der Männer betrachten. Und vor allem seine Art zu wirtschaften sichert dem Naturmenschen ein Maß von Lebensfreude und immerwährender Heiterkeit, um das der arbeitgeplagte und sorgengedrückte Europäer ihn beneiden muß.

Wenn so manche Naturvölker, seitdem sie mit der europäischen Kultur Bekanntschaft gemacht haben, zurückgegangen und einzelne sogar völlig ausgestorben sind, so liegt nach der Ansicht unserer besten Kenner die Ursache hauptsächlich in dem zersetzenden Einfluß, den unsere Wirtschaftsweise und Technik auf sie ausgeübt hat. Unsere vollkommenen Werkzeuge nahmen ihnen plötzlich eine gewaltige Arbeitslast ab; was sie mit ihren Steinbeilen in Monaten bewältigt hatten, das leisteten sie mit der eisernen Axt in wenig Stunden, und einige Flinten ersetzten in der Wirkung Hunderte von Pfeilen und Bogen. Damit fiel die wohlthätige Spannung hinweg, in der die alte Arbeitsweise Körper und Geist des Naturmenschen fortgesetzt erhalten hatte, zumal sein Bedürfnisstand auf dem gleichen niederen Niveau verharrte. Und darunter ist er zu Grunde gegangen.

Ich meine, daß daraus für die Kolonialpolitik der Europäer die Lehre entspringt, daß sie, wenn sie wirklich das Beste ihrer Unterworfenen und auch ihr eigenes Bestes wollen, die seitherige Wirtschaftsweise jener Völker schonend behandeln und auf dieser historisch gegebenen Grundlage langsam weiterbauen müssen. Es ist vor kurzem ein Buch erschienen,[1]) in welchem sich unsere besten Afrikakenner über „die Behandlung der Einge-

---

[1]) Herausgegeben von F. Giesebrecht, Berlin 1898 bei S. Fischer.

borenen in den deutschen Kolonien" ausgesprochen haben. Dem Arbeitszwange wird darin von verschiedenen Seiten das Wort geredet. Nur eine Stimme bemerkt: „Arbeiten nach unseren Begriffen von Arbeit kann der Tropenneger einfach nicht. Er thut, was er thun muß, in einer täubelnden, beschaulichen Weise, oft sehr geschickt, aber niemals mit einem Aufwand von Kraft und Ausdauer, wie wir ihn von europäischen Arbeitern und von uns selbst gewohnt sind." Bezeichnender Weise ist es die Stimme einer Frau (Frieda v. Bülow), die sich so vernehmen läßt. Möchte man sie hören! Ich bin überzeugt, daß viele unter uns den Eingeborenen unserer afrikanischen Besitzungen eine schönere Zukunft wünschen, als die des gezwungenen Plantagenarbeiters oder Fabrikstlaven, eine Zukunft, in der ein dicht bevölkertes, im altgewohnten Hackbau gartenartig angebautes Land, voll emsiger schwarzer Kleinbauern, im Schutze des Friedens, den ihnen der Reichsadler verbürgt, durch Aufnahme des Besten und Edelsten, was unsere Kultur bieten kann, zum Abnehmer unserer Industrie und zum Teilnehmer unseres Geisteslebens geworden ist. Doch das ist vielleicht ein Traum. Aber auch das Träumen ist bisweilen schön!

Anhang.

I. Beispiele des Ackerbaues bei Naturvölkern.
1. Afrika.
a. Angola.
(Pogge, Im Reiche des Muata Jamwo, S. 8 f.)

„Die Neger an der Küste (von Angola) pflanzen hauptsächlich Maniok, Mais, Hirse, Erdnüsse, Bohnen, Bataten, Zuckerrohr, Ananas, Bananen, Baumwolle, Tabak ꝛc. Sie suchen sich für gewöhnlich in der Nähe von Quellen oder Bächen trockne Stellen dazu aus. Sind dieselben mit Holz bewachsen, so hauen die Männer (die Frau führt niemals die Axt) mit der kleinen Axt die Bäume 2—3 Fuß hoch über der Erde ab und legen, unbekümmert um die stehen gebliebenen Stämme, die Pflanzung an, indem die meistens dünnen, abgehauenen Bäume einfach abgetragen werden. Zu Anfang der Regenzeit reinigen die Weiber mit einer kleinen Hacke, deren Stiel ca. 1½ Fuß lang ist, die betreffende Stelle, nachdem das trockene Gras daselbst vorher abgebrannt ist. Sie legen das Land in schmale, lange parallel laufende Beete, gerade so, wie in Norddeutschland der Boden zum Rübenbau präpariert wird, und stecken die Reiser des Maniok einfach in den Boden. Diese Reiser schlagen, wenn es nicht zu lange trocken bleibt, sogleich Wurzeln, die schon im ersten Jahre zu ziemlich großen Knollen heranwachsen und dann verwendet werden. Im dritten und vierten Jahre ist die Pflanzung am ergiebigsten; nachher wird die Wurzel holzig und unbrauchbar. Es muß der Neger also alle 3 bis 4 Jahre eine neue Pflanzung anlegen."

b. Lubuku (zwischen Kassai und Lubilasch).
(Pogge bei Wißmann, Unter deutscher Flagge quer durch Afrika, S. 241 ff.)

„Die Bestellung des Bodens ist leicht, sodaß die Eingeborenen infolgedessen eine reine Brachwirtschaft betreiben und jedes Jahr neue Urbarmachungen für ihre Plantagen vornehmen. Die Weiber, welche allein den agrikulturen Betrieb besorgen, hacken das Gras nieder, hauen gleichzeitig einige Büsche ab und verbrennen demnächst das vertrocknete Gras und Reisig oder tragen es von der Pflanzung. Bäume und einzelne hier und da sich befindende Termitenpyramiden stehen mehr oder weniger hindernd im Wege. An dem Stamme eines dickeren Baumes wird beliebig etwas mehr trockenes Gras verbrannt, sobaß er seine Blätter durch Feuer verliert und mit der Zeit vertrocknet, um demnächst als Brennholz benutzt zu werden. Nach einiger Zeit wird der so präparierte Boden zum zweiten Male flach gehackt und mit Bohnen bepflanzt, indem letztere ohne weitere Bearbeitungen auf ca. 1 m Entfernung in kleine gehackte Erdvertiefungen gethan und mit etwas Erde wieder bedeckt werden. Obgleich die so hergerichteten Saatfelder durchaus nicht den europäischen landwirtschaftlichen Ansprüchen genügen, da nichtverbrannte Graswurzeln, Reisig 2c. ihnen regelmäßig ein unordentliches und unsauberes Aussehen geben, so bedeckt die kleine Bohne dennoch im allgemeinen rasch und üppig den Boden und giebt nach ungefähr 3½ bis 4 Monaten die Ernte. Nach Einheimsung der Schoten werden die zurückgelassenen Ranken 2c. verbrannt, das Feld wird einmal flach gehackt und mit Hirse besäet, die flach untergehackt wird, und nachdem letztere bereits etwas gewachsen ist, beginnt die Pflanzung des Maniok durch Stecklinge zwischen die Hirse.

Dies ist hier die regelmäßige Fruchtfolge. Mit dem Maniok, der sich meistens schon nach der Ernte der Hirse gut bestockt hat, und nach 1½ bis 2 Jahren die ersten vollen Erträge liefert, trägt das Feld ab und ist ein für alle Mal für fernere Saaten außer Kurs gesetzt. Es wird mithin jedes Jahr neues Land urbar gemacht, und die Eingeborenen lieben es, familienweise ihre Kulturfelder gemeinsam anzulegen, so daß sich hier (in Mulenge) z. B. zur Zeit 4 bis 5 verschiedene, 15 bis 30 Magd. Morgen große Brachfelder befinden, die meistens in längliche viereckige, den verschiedenen Besitzern gehörende Parzellen geteilt sind. Die großen Pflanzungen sind meistens in einiger Entfernung vom Orte angelegt, sobaß in seiner Umgebung ein ansehnlicher Teil der Campine mit Maniok 2c. bepflanzt ist. Außer diesen größeren Feldern giebt es indessen überall kleinere, die einen einzigen oder wenige Besitzer haben.

Maniok (hier „Tschiombe"), Hirse („Ponde," regelmäßig die Kolbenhirse, penicillaria), — die höher wachsende Büffelhirse (Sorghum) ist seltener hier — und die kleine, etwas streng schmeckende rankende Bohne („Kunde" oder „Makunde"), ferner zwei Arten Erdnüsse, die ölhaltende (Arachis hypogaea) und eine Stärkemehl enthaltende (Voandreia subterranea) sind die Hauptnahrungspflanzen, für welche jährlich die neuen Urbarmachungen vorgenommen werden. Erdnüsse sieht man auch statt „Kunde" in der großen Brache; gewöhnlich aber werden erstere in einem besonderen Felde gepflanzt, jedoch immer auf neuen Brachfeldern. Ein Hauptnahrungsmittel ist außerdem noch der Pferdezahnmais („Mava"), der indessen regelmäßig in den Dörfern in der Nähe der Hütten angepflanzt wird.

Alle andern Nahrungspflanzen werden keiner regelmäßigen Kultur unterzogen. Bataten finden sich in kleinen Dimensionen auf Brachfeldern oder in den Dörfern angepflanzt; eine Yams=Ranke findet sich hier und da am Stamme eines Baumes in der Brache, ebenso 2 mir nicht bekannte kleine, nicht rankende Knollengewächse, die eine mit Lippenblumen, die andere topinamburähnlich. In den Dörfern wachsen, meistens ohne weitere Pflege und halb wild, eßbare Malven, kleine Kürbisse, Amarantaceen (darunter ein rot und grüner Fuchsschwanz), Nachtschatten, eine Brassica 2c. An kultivierten Nutzpflanzen will ich ferner noch Ricinus, Baumwolle und Hanf, zwei Arten Capsicum und Tabak erwähnen. Alle diese zuletzt genannten werden in den Dörfern oder deren Nähe gepflanzt; sie wachsen indessen auch spontan, und nur dem Hanf und Tabak, welch letzterer regelmäßig mit jungen Pflänzlingen gepflanzt wird, kommt regelmäßig eine sorgfältigere Pflege zu gut. Auf dem fetten Boden in der Nähe der Häuser wird die Staude 5 bis 6 Fuß hoch und liefert bis fußlange Blätter. An Zuckerrohr finden sich hier und da bei den Hütten einige Stangen angepflanzt, die um eine Mutterstange buschartig emporgewachsen sind und deren Stamm oftmals mit einem Aschenhaufen bedüngt ist. Gedenken will ich auch noch auf diesem Gebiete eines Schilfrohrs, welches ziemlich viel am Lulua wild wächst und als Salzpflanze auf kleinen baumfreien, niedrig gelegenen und sumpfigen Stellen an Bächen (oftmals durch Stauungen sumpfig gemacht) mit Stecklingen gepflanzt und aus dessen Asche Kochsalz gewonnen wird.

Die Eingeborenen pflanzen und ernten zu zwei verschiedenen Zeiten, und zwar zu Anfang, Mitte und Ende der Regenzeit. Dies gilt regelmäßig für Mais, Hirse und Kunde, die nach $3^1/_2$ bis 4 Monaten ein pflanzfähiges Korn liefern, während die Erbnüsse 5 bis 6 Monate zu ihrer vollen Entwickelung gebrauchen, mithin für dasselbe Jahr kein neues Saatkorn liefern. Mais und Hirse können und werden mit Erfolg immer wieder auf derselben Stelle gepflanzt, für Kunde und Erbnüsse müssen neue Urbarmachungen vorgenommen werden.

Die beste Saatzeit für Reis und Erbnüsse dauert ungefähr von Mitte September, nachdem der Boden bereits vom Regen öfter angefeuchtet ist, bis etwa zu Anfang Januar. Während dieser Zeit können ohne Unterbrechung Pflanzungen hergerichtet werden, da der Regen hier nicht störend, wie in Deutschland, beim Säen einwirkt. Nach dem stärksten Regen während der Nacht wird am nächsten Morgen geackert und gepflanzt, und ein Erfolg der Ernte ist im geringsten nicht abhängig von der Zeit der geschehenen Einsaat; im Gegenteil, ob früh oder spät gesäet, der Erfolg bleibt immer gesichert, vorausgesetzt, daß überhaupt in den ersten und den mittleren Regenmonaten gepflanzt wurde."

2. Ostindischer Archipel (Mindanao).

(Schadenberg, Die Bewohner von Süd=Mindanao in der Ztschr. f. Ethnol. XVII, S. 19 ff.)

„Die Bagobos leben von Ackerbau und Jagd; sie pflanzen Reis, Camote (Arum), Mais, Bananen, Zuckerrohr, Tabak und Kokos. Die Bearbeitung der Felder geschieht folgendermaßen: Der betreffende Teil des Urwaldes, auf dem ein Feld angelegt werden soll, wird bis auf die großen, zu viel Arbeit verursachenden Bäume (bei denen nur ein Teil der Rinde entfernt wird, damit sie absterben, um später als Brennholz zu dienen), gefällt und liegen gelassen, bis alles gehörig ausgedörrt ist, um an Ort und Stelle verbrannt zu werden, welche Manipulation im Januar oder Februar vorgenommen wird. Der auf diese Weise mit Holzasche gedüngte Boden ist nun fertig zur Aufnahme der Reiskörner. Der Tag des Säens wird festlich begangen: Männer und Weiber versammeln sich gleich nach Sonnenaufgang auf dem neuen Felde; voran gehen einige Männer, in den Händen die Panaga, ein eisernes Instrument in Form eines Stemmeisens, an einer langen Caña befestigt, die oben gespalten ist, so daß sie beim Aufstoßen auf- und zuklappt. Die Männer gehen mit tanzartigen Bewegungen vor und stoßen dabei das Eisen der Panaga in den Boden; die Weiber folgen und werfen Reis in die gemachten Löcher und scharren sie mit der Hand zu. Alles geschieht feierlich und ernst. Nachdem das Feld auf diese Weise bestellt ist, wird in der Mitte desselben eine Kokosschale, in einen oben viergeteilten etwa 2 m hohen Bambusstock eingeklemmt, für die Götter aufgestellt und mit Balabal gefüllt. Nach diesen Förmlichkeiten begeben sich sämmtliche Teilnehmer in das Haus des Feldeigentümers, wo das Säefest weiter durch Musik, Tanz und starkes Balabaltrinken gefeiert und erst spät in der Nacht beendet wird.

Die Reispflanzen zeigen sich bereits nach einer Woche; sie gedeihen ohne jegliche Pflege und stehen etwa je 10 in Häuschen zusammen, ca. $1/_8$ m von einander entfernt und ziemlich regelmäßig in Reihen.

Um den Frucht ansetzenden Reis vor Vögeln zu schützen, bringen die Bagobos Vogelscheuchen an; dieselben bestehen aus 3 Teilen, die an einem Baumast befestigt sind. An einem etwa 2 bis 3 m langen Strick hängt am untern Ende ein breites trockenes Stück Rinde, welches sich bei dem leisesten Luftzuge hin und her bewegt, etwa 1 m weiter oberhalb befindet sich an demselben Strick, über diesen quer gebunden, ein etwa $3/_8$ m langes und 5 cm starkes Holz. An einem besonderen Strick hängt senkrecht in gleicher Höhe mit dem obengenannten Querholz, der dritte Teil, ein Internodium eines starken Bambu. Durch Windzug gerät das Stück Rinde und durch dieses das quergebundene Holz in Schwingung, welches zurückkommend in seine Lage an das Bambuinternodium anschlägt, das infolge seiner Resonanz einen ziemlich lauten Ton von sich giebt, welche Prozedur sich bei mäßigem Luftzuge etwa alle Minuten wiederholt. Der ganze Mechanismus bewährt sich nach meinen Erfahrungen vorzüglich als Vogelscheuche.

Der Bergreis giebt viel und vorzügliche Frucht; er bildet die Hauptnahrung der Bagobos. Ist er reif, so wird er geschnitten, mit den Füßen ausgetreten und in sackartigen Körben in dem vorher beschriebenen Reisschuppen aufbewahrt; erst vor dem Kochen wird die betreffende Portion in einer Art Holzmörser enthülst. Das Einbringen des Reises ist mit einem dem Säefest korrespondierenden Erntefest verbunden, welches 8 bis 10 Tage dauert; es ist

4*

dabei offene Tafel für jeden, der kommt; ungeheure Quantitäten von Balabak werden vertilgt; jeden zweiten Tag ist Pause, um frische Kräfte für den nächstfolgenden zu sammeln. Die Musikinstrumente Agon, Trommel und Harfe, sind in ununterbrochener Thätigkeit; Tänzer wechseln mit Tänzerinnen ab, und erst wenn der letzte den berauschenden Wirkungen des Balabaks erlegen ist, hört für den Tag das Fest von selbst auf.

Für die Reisfelder machen die Bagobos jedes Jahr ein neues Stück Wald urbar, während sie auf dem alten Felde Mais, Gabe, Camote, Bananen und Zuckerrohr bauen, die ihnen Abwechslung in ihrer einfachen Reiskost verschaffen. Hier und da säen sie Tabak dazwischen, welchen sie neben Buyo zu kauen pflegen."

3. Melanesien.

a. Neu-Guinea.
(Finsch, Samoafahrten, S. 68 ff.)

„Auf unseren Ausflügen lernten wir auch die Plantagen der Eingeborenen kennen, die, wie erwähnt und wie dies fast überall in Neu-Guinea und Melanesien überhaupt der Fall ist, weit von den Dörfern, meist an Berghängen oder mitten im Urwalde angelegt sind. Die Urbarmachung eines oft mehrere Hektare großen Stück Landes ist für Menschen, die noch in der Steinperiode leben, gewiß eine höchst mühevolle und gewaltige Arbeit, nicht minder die Einzäunung desselben. Soviel das Feuer auch hilft, einen Urwald kann es nicht vernichten, und so bleibt noch viel Arbeit für die Steinäxte der Männer übrig, welche die kleineren Bäume umhauen, von den großen zum Teil vom Feuer gefällten die Äste abhacken, so daß nur die Stämme übrig bleiben, die dem Klima nicht allzu lange Widerstand leisten.

Wie bei der groben Arbeit des Umhauens und eigentlichen Urbarmachens, so vereinigen sich sämtliche Dorfbewohner beim Bau der Einzäunung. Sie wird in dem hiesigen Distrikte aus etwa mannshohen Stäben des wilden Zuckerrohres gefertigt, die durch ihr späteres teilweises Ausschlagen der Wurzeln dem Ganzen besondere Festigkeit verleihen. Thore oder Thüren sind aus Rücksicht auf das Eindringen der wilden Schweine nicht freigelassen, aber gewisse Vorrichtungen zum leichteren Überklettern angebracht.

Das von der Einfriedigung umschlossene Land ist nach Größe der Familien verteilt, deren weibliche Glieder die Bearbeitung zu besorgen haben. Das eigentliche Umgraben, wozu man sich nur eines spitzen Stockes, Ubja (Ubscha) bedient, geschieht durch die Männer, die feinere Bearbeitung des Bodens durch die Weiber, die dazu eine Art schmaler Schaufeln (Ubjasab) benutzen. Ich fand in den Plantagen dieselbe musterhafte Wirtschaft, wie ich sie schon an der Südküste Neu-Guineas und aus Neu-Britannien kannte. Das Erdreich sah sorgfältig aufgelockert, wie gesiebt aus. Die Ranken des Yams wanden sich an regelmäßig eingesteckten Stangen, zwischen denen andere Pflanzen wuchsen, wie in einem Hopfenfelde empor. Es war jetzt gerade die Zeit der Yamsreise, da der Landbau der Papuas eine Reihe von Feldfrüchten in abwechselnder Aufeinanderfolge zeitigt.

Das Hauptnahrungsmittel bildet übrigens der am meisten beliebte Tarro, „Bau" (ollocasia), von März bis August, demnächst Yams, „Ajan" (dioscorea), von August bis November. Außerdem werden noch süße Kartoffeln „Degargol" (convulvulus), Zuckerrohr, „Den," Bananen, „Moga," eine Art kleiner Bohnen „Mogar" und Tabak, „Ras," kultiviert. Ein ebenfalls nur infolge von Kultur vorhandener Nutzbaum ist die Kokospalme, die in ganz Astrolabe-Bai spärlich vorhanden, bef. in diesem Teile rar ist und manchen Dörfern ganz fehlt. Kokosnüsse, „Munki," sowie Sago, „Bom," haben daher für dieses Gebiet nur untergeordnete Bedeutung, während sie in anderen zu den Hauptnährmitteln gehören. Damit sind ungefähr alle Kulturpflanzen der Papuas in ganz Neu-Guinea, wie Melanesien überhaupt, genannt, und ich werde hierüber, wie über Bodenbearbeitung selbst wenig mehr zu sagen haben, da sich dieselbe im wesentlichen überall gleich bleibt.

Selbstredend benutzen, wie alle Papuas und Menschen überhaupt, auch diejenigen von Astrolabe-Bai einige Pflanzen, welche die Natur selbst bietet, als Nahrung. So verschiedene Früchte, Nüsse, ja selbst Knospen und Blätter gewisser Gewächse. Sie spielen indes, wie der in Astrolabe-Bai überhaupt nur spärlich vorkommende Brotfruchtbaum, Boli, eine untergeordnete Rolle."

b. Neu-Pommern.

(R. Parkinson, Im Bismarck-Archipel, S. 118 f.)

Den Anbau des Bodens müssen fast ausschließlich die Weiber besorgen. Der Mann läßt sich höchstens herbei, das Nötige vorzubereiten, die Bäume zu fällen oder das Land aus dem Rohen umzuwühlen; aber auch diese Arbeiten werden häufig von den Weibern verrichtet. Soll ein Grasland urbar gemacht werden, so wird zunächst das hohe Gras mit einem etwa 1 m langen geschärften Bambusrohrscheit abgehauen und, nachdem es trocken geworden ist, verbrannt. Dem folgt das Umgraben des Bodens mit Hilfe einer etwa 2 m langen und 7—10 cm breiten, am Ende etwas zugespitzten Stange (Beir) aus dem äußerst harten Holz einer Palmenart. Da man zur Anlage des Feldes gewöhnlich eine sanft ansteigende Fläche wählt und diese von unten nach oben bearbeitet, so geht das Umgraben ziemlich rasch von statten. Hierauf reißt man alle noch stehengebliebenen Wurzeln des queckenartigen Grases aus, wodurch der Boden aufgelockert und gereinigt wird. In das nun ertragsfähige Feld pflanzt man in der Regel zuerst Yams. Nach sechs Monaten werden die reifen Knollen ausgehoben, der Boden wird umgeackert, wieder von Graswurzeln gereinigt und dann mit Tarro bestellt. Nach der Tarro-Ernte baut man auf demselben Felde Bananen, Zuckerrohr und so fort, bis das immer von neuem emporwachsende Gras und Gestrüpp alle andere Vegetation überwuchert. Neben den

Nährpflanzen zieht man auch eine Menge Zierpflanzen, mit Vorliebe solche, welche farbige Blätter haben, rote, gelbe, dunkelbraune oder bunt getüpfelte. Dadurch erhalten die Pflanzungen ein lebhaftes, gefälliges Aussehen. In den Walddistrikten, wo es viele wilde Schweine giebt, wird die Pflanzung durch einen starken Zaun von Bambuspfählen gegen diese Wühler geschützt. Ist die Pflanzung ziemlich weit vom Gehöft des Besitzers entfernt, so baut er sich in der Zeit, wenn die Früchte zu reifen beginnen, ein Häuschen auf dem Felde, in dem er einen großen Teil des Tages zubringt, manchmal auch während der Nacht mit seinen Weibern schläft." (Über den Ackerbau der Neuen Hebriden vgl. Journal of the Anthropological Institute of Gr. Br. 2, XXIII, S. 389 f.)

4. Süd-Amerika.

(Martius, Zur Ethnographie Amerikas, zumal Brasiliens, S. 84 f., 489 f.)

„Eine oder einige vereinte Familien (unter den Urbewohnern Brasiliens) machen ein Stück des Urwaldes urbar und bepflanzen es mit Mandiocca, Mais, Pisang, Baumwolle u. s. w. Ohne eiserne Äxte werden solche Grundstücke nur mit großer Mühe hergestellt; auch sind sie überall nur von geringem Umfange (ich habe kein indianisches Feld gesehen, das mehr als eines Tagewerks Ausdehnung gehabt hätte). Die Geschäfte des Landbaues werden vom weiblichen Teile einer oder mehrerer, vereint wohnender Familien besorgt. So lange man denselben Wohnplatz beibehält, fährt man fort, dasselbe Grundstück Jahr für Jahr zu bebauen; denn stets andere Teile des Waldes urbar zu machen und die bebauten zu verlassen, worin das Agrikultursystem der nordamerikanischen Kolonisten besteht, wäre zu mühsam.

Von Diebstahl an Feldfrüchten, wie überhaupt von Raub und Diebstahl, habe ich unter den brasilianischen Indianern nur selten gehört. Ebenso wenig nahm ich Umfriedigungen um die Anpflanzungen oder andere Zeichen von Abmarkung eines ausschließenden Besitzes wahr. Von den Wilden von Cumana wird berichtet, daß sie ihre Pflanzungen mit einem einzigen Baumwollenfaden oder einer Leine, zwei Fuß hoch über dem Boden umzogen und damit ihr Eigentum hinreichend gewahrt hätten, indem es als großes Verbrechen gegolten habe, über jene Schranke einzutreten."

„Die Kultur der Mandiocca ist ganz in den Händen der Weiber. Diese pflanzen, indem sie mit zwei bis drei Knoten versehene Stücke des Stengels wagerecht einlegen und mit Erde zudecken oder längere schräg aufrecht zur Hälfte versenken. Der Grund wird vorher mühselig mit einem zugespitzten Holze statt des Spatens von Unterholz und Unkraut gereinigt, und man wählt trockene, nicht überschwemmte Orte, die sich durch Lockerheit des Bodens empfehlen. Auf die Eigenschaften des Standortes, welcher dieser oder jener Sorte vorzugsweise zusagen, wird keine Rücksicht genommen, und so findet sich denn in ein und derselben Pflanzung die größte Mannigfaltigkeit von Abarten neben einander. Es entspricht dies auch dem Bedürfnis des Haushaltes; denn nicht viele Wurzeln sollen auf einmal eingeheimst werden. Da fast täglich der Acker besucht wird, um den nötigen Vorrat zu holen, so sorgen die Indianerinnen mit ihren Kindern bei dieser Gelegenheit dafür, daß er auch von Unkraut gereinigt werde.

Schon am Morgen kehren die Weiber mit den Wurzeln in einem Korbe oder Netze von der Pflanzung zur Hütte zurück, und hier beginnt nun das Geschäft der Mehlbereitung, in welches sich alle weiblichen Glieder der Familie sogleich teilen, weil das Material schnell verdirbt und übelriechend wird. Das Wesentliche ist, die Wurzel zu reiben und die so verkleinerte Masse, welche wie grobes feuchtes Sägemehl aussieht, von dem Safte zu befreien, der Blausäure enthält und für Menschen und Tiere ein tötliches Gift ist. Die Zerkleinerung der Wurzel, welche von den Weißen durch ein großes, mit Zähnen versehenes, mittels der Hand oder durch Wasserkraft umgedrehtes Rad bewirkt wird, geschieht hier viel mühsamer, besonders durch die älteren Weiber, indem sie die gewaschene Wurzel auf dem Ipycei, einer Holzfläche, in welcher spitze Krystallsplitter, Steinchen oder Zähne befestigt sind, hin und her bewegen. Dieses Instrument ist oft so unvollkommen, daß es den angestrengtesten Fleiß erfordert, um die Tag für Tag nötige Menge Monipaba zu beschaffen" u. s. w.

II. Jagd und Fischerei.

1. Süd-Amerika.

(Martius a. a. O., S. 83, 101.)

„Der klare Begriff von einem bestimmten Eigentum des ganzen Stammes begründet sich vorzüglich in der Notwendigkeit, daß dieser ein gewisses Waldgebiet als ausschließliches Jagdrevier besitzt. Bisweilen gehen solche Jagdreviere sogar über das vom Stamme bewohnte Land hinaus. Ihre Grenzen sind Flüsse, Berge, Felsen, Wasserfälle, Bäume. Diese Abmarkungen beruhen bald auf Tradition, bald auf ausdrücklichen Verträgen. Bisweilen werden Körbe Lumpen oder Lappen von Baumrinde an den Grenzmarken aufgehängt. Die Übertretung der Jagdreviere ist eine der häufigsten Veranlassungen zum Kriege. Freiwillige Abtretungen erfolgen stillschweigend, indem ein Stamm abzieht und das Gebiet dem andern überläßt.

„Gewöhnlich geht jeder Jäger einzeln für sich auf die Jagd. Das von ihm erlegte Wild wird nicht als sein, sondern als der Familie Eigentum betrachtet. Demgemäß hält sich der Jäger nur ausnahmsweise verpflichtet, die Beute selbst nach Hause zu bringen; er verbirgt daher das Wildpret im Walde und überläßt es der Frau, den Alten und den noch nicht mannbaren Kindern, es von der bezeichneten Stelle nach Hause zu holen. Treffen mehrere Jäger zusammen, wenn eben ein Wild erlegt worden, so hat nur der Erlegende Anspruch darauf; doch erhält oft ein anderer Teil an der Beute unter der Verpflichtung, sie nach Hause zu schaffen. Der Jäger darf sich keiner fremden Waffen bedienen; besonders behaupten diejenigen Wilden, die mit dem Blasrohr schießen, daß dieses Geschoß durch den Gebrauch eines Fremden verdorben werde, und geben es nicht aus ihren Händen. Nicht selten verstopft einer dem andern das Blasrohr, um ihn im Erlegen von Wild zu hindern, das sonst ihm selbst zu gute kommen könnte. Gemeinschaftliche Jagden werden gegen gefährliche Raubtiere, wie die Onze, oder in der Absicht angestellt, Vorräte einzusammeln. Man pflegt vorzugsweise Affen und Zugvögel in größerer Menge zu erlegen, auszuweiden und am Feuer zu trocknen. Die Teilung geschieht bei der Heimkehr von solchen, oft mehrere Wochen lang dauernden Expeditionen gleichheitlich. Demjenigen, der das Pfeilgift liefert, kommt dafür eine besondere Vergütung zu. Wenn Schlingen gelegt werden, wird der Diebstahl des darin gefangenen Wildes als besonderes Verbrechen angesehen und darüber vor dem Häuptlinge Klage geführt. Dieser übt übrigens für sich keinen Wildbann aus, und allgemeine Jagden in dem Reviere werden von der ganzen Gemeinschaft an verabredeten Tagen angestellt. Daß dies innerhalb der vertragsweise zwischen einzelnen Horden bestimmten Grenzen geschehe, ist bereits erwähnt worden. Unter den Botocudos werden Eingriffe in diese Jagdgerechtigkeiten durch einen Zweikampf mit großen Prügeln ausgeglichen, an welchem mehrere Glieder von jeder Partei Teil nehmen.

Die Fischereien werden häufig gemeinschaftlich angestellt, und man versteht sich über die Verteilung der Beute um so eher, als diese meistens sehr groß ist. War man so glücklich, einen Lamantin, Delphin oder ein großes Krokodil zu erlegen, so nehmen meistens alle Familien der Hütte, ja des ganzen Dorfes Teil an der Beute, welche ohnehin von einer Familie nicht so schnell verzehrt werden könnte, als sie verderben würde." (Über die Technik der Fischerei dieser Völker handelt Martius ausführlich S. 610—619.)

2. Afrika.
(Dr. Emin Bey in Petermann's Mitteilungen XXV (1879), S. 394.)

„Gemeinsame Jagden kommen in Unyóro oft vor. Werden sie privatim arrangiert, so wählen die Teilnehmer den Anführer unter sich; werden sie auf Initiative des Stamm-Chefs unternommen, so ernennt dieser den Anführer. Wer die erste Lanze auf ein Tier wirft, erhält bei dessen Erlegung einen Vorderfuß. Die Verteilung der Beute geschieht durch gegenseitiges Übereinkommen. Flüchtet das Wild auf fremdes Terrain und verendet dort, so erhält der Eigentümer des Bodens den rechten Vorderfuß desselben. Wird ein Löwe oder Leopard in der Nähe der Wohnung des Chefs getötet, so trägt man das ganze Tier zu ihm; ist der Ort, wo das Tier erlegt wurde zu weit entfernt, so wird das Fell dem Könige gebracht. Töten Leute im fremden Lande eines dieser Tiere, so gehört das Fell dem Könige des Landes. Von getöteten Elephanten gehört in Unyoro ein Zahn von Rechtswegen dem Könige, den andern kann der Jäger behalten; der König tauscht ihn aber gewöhnlich gegen ein Mädchen aus."

III. Tierhaltung.

1. Brasilien.
(Martius a. a. O., S. 672 ff.)

Niemals ist es dem brasilianischen Indianer eingefallen, Bienenkörbe in seiner Nähe aufzustellen (während er Honig und Wachs im Walde sammelt). Dagegen gehört die Zähmung mancher Haustiere zu seinen Lieblingsbeschäftigungen, und er bekundet darin eine unglaubliche Geduld. In der That kommt er bei manchen der Tiere, die er gleichsam in seine Familie aufnimmt, viel weiter; sie werden seine Diener, ebenso wie der Hund, den wir durch den ganzen Weltteil als Gesellschafter der Autochthonen im gezähmten, jedoch nicht im wilden Zustande treffen. Das junge Nabelschwein läßt sich ohne Mühe aufziehen, und man sieht es, ebenso wie den Tapir, an Orten mit sumpfiger Nachbarschaft manchmal die Stelle unseres zahmen Schweines vertreten. Es gewöhnt sich leicht an die Nähe des Menschen und kehrt von seinen Streifereien zur Hütte zurück. Wahrscheinlich würde es viel allgemeiner jung eingefangen und in die Zahl der indianischen Haustiere aufgenommen, wenn nicht ein Vorurteil gegen den Genuß seines Fleisches bei vielen Indianern herrschte. Auch die Paca und Cutia sieht man manchmal zahm, als wären sie wirkliche Haustiere, in der Hütte umherlaufen; aber ebenso wenig, als die zwei erwähnten Säugetiere, sind sie vom Indianer zur Paarung gebracht worden Rinder und Schafe haben die Europäer nur spärlich und spät eingeführt, und ihre Zucht hat sich der Ureinwohner nicht angeeignet, sowie der berittene Indianer im Süden sich schwerlich des Pferdes bemächtigt hätte, wenn es sich nicht ausgewildert vermehrt hätte.

Die Affen liefern ein nicht unbeträchtliches Kontingent zu den Haustieren des Indianers, und mit Ausnahme der Brüllaffen, die unter sich gesellig leben, aber die Nähe der Menschen nicht vertragen, sieht man alle Gattungen der amerikanischen Affen vertreten, jedoch nur einige mit Vorliebe gehalten. Oft findet man in der Hütte des Indianers eben so viele gezähmte Affen als Menschen. Die kleineren Arten sind gleichsam die Schooßhündchen der Indianerinnen, bei denen sie auch während kühler Nächte, wie junge Kätzchen schnurrend, Zuflucht suchen. Alle diese Tiere werden übrigens bei den Indianern nicht zur Paarung gebracht; man nimmt sie für die Zähmung aus dem Neste, und mit so viel Sorgfalt pflegt man sie aufzuziehen, daß ihnen die Indianerin manchmal wie dem eigenen Kinde die Brust giebt.

Der Hühnerhof des brasilianischen Indianers hat in unserem Haus=hu hn einen unschätzbaren Zuwachs erhalten. Die Indianerin hält die Leg=henne besonders hoch, auch darum, weil sie ihr Eier von anderen Hühnerarten zur Bebrütung unterlegen kann. Dies ist vorzüglich mit denen des Trompeter=vogels Jacami der Fall, welcher unter den einheimischen Gallinaceen am häufigsten gezähmt erscheint, sich im Hühnerhofe paaret und auch die gewöhn=lichen Hühnereier ausbrütet. Man kennt im Gebiete des Amazonenstromes, und namentlich im tieferen Westen, vier Arten dieser schönen Tiere, der Bauch=redner=Hühner. In den Hoccos besitzt der Indianer ein schmackhaftes Wild, und er bemüht sich, sie in seinen Hühnerhof zu übersiedeln, auch wegen der schönen schwarzen Federn, die er zu Fächern und allerlei Schmuck verwendet. Gewöhnlich nimmt der Indianer die paarweise gelegten Eier aus dem Neste und läßt sie von Haushühnern bebrüten. Im gezähmten Zustande gelingt die Paarung nur selten. Außerdem sieht man noch bisweilen das Cujubi und Aracuan in der Hütte umherlaufen, die wahrscheinlich in ähnlicher Weise auf=gezogen sind.

Unter den Wasservögeln hat Arbea Egretta besonderen Wert für den Indianer, weil seine Schwungfedern für die kostbarsten Federzierraten verwendet werden. Man begegnet diesem Reiher bisweilen, ebenso wie dem Guara oder roten Ibis und dem Ibis mexicanus oder der Ardea helias und sogar den Störchen Maguari und Jaburu in der Nähe der Wohnungen, nachdem, ihre Flucht zu hindern, die Flügel gelähmt worden.

In der Hütte selbst endlich bekunden Aras und Tucans, mehrere Arten Papageien und Perikiten, auf Stangen sitzend, oder frei umher=hüpfend und kletternd, die Neigung des Indianers, mit Tieren zu verkehren. Jedes Familienglied hat unter diesen Affen und schön befiederten Vögeln, deren Gesellschaft manchmal durch ein lebend heimgebrachtes Faultier oder einen kleinen Ameisenfresser vermehrt wird, seinen Liebling, mit dem es sich vielfach unterhält. Der einsilbige Hausvater belustigt sich schweigend an den drolligen Bewegungen seiner Menagerie. Die gesprächigere Mutter und die älteren Kinder sind stundenlang bemüht, dem Papagei sein Geplauder anzulernen. Die Kleinen treiben sich in wechselndem Spiele mit jedem dieser Tiere umher, welches ihnen in den Weg kommt.

2. Afrika.

(Nachtigal, Im Herzen von Afrika I. S. 177 f.)

Alles Dichten und Trachten der Dinka dreht sich um Rinderbesitz und Rindererwerb; ja diesen Tieren wird in gewisser Hinsicht ein förmlicher Kultus gewidmet, und alles, was vom Rind kommt, gilt für rein und edel; der Mist zu Asche gebrannt, um darauf zu schlafen oder um sich weiß anzutünchen, und der Harn als Waschwasser und zum Ersatz für das in allen diesen Teilen Afrikas den Negern fehlende Kochsalz, sind ihre täglichen Bedürfnisse. Nie wird ein Rind geschlachtet; kranke pflegt man mit Sorgfalt in eigens dazu errichteten großen Hütten; nur die gefallenen und verunglückten Tiere werden verspeist. Wem diese Gebräuche, die sich bei der Mehrzahl der afrikanischen Hirtenvölker wiederholen, dazu angethan erscheinen, auf einen in seinen bestimmten Formen längst erstorbenen Rinderkultus hinzuweisen, welcher, wie die Viehrasse selbst, unwiderruflich nach Indien hindeutet oder vice versa — dem möchte ich zu bedenken geben, daß die Dinka keineswegs abgeneigt erscheinen, teilzunehmen an irgend einem stattfindenden Schmause von Rinderfleisch; das Rind, welches geschlachtet wird, darf nur nicht das ihrige sein. Es ist also mehr die Freude am materiellen Besitz, welche das Rind ihnen zum Gegenstande derartiger Huldigungen gestaltet. Unbeschreiblich ist aber auch der Gram und das tiefe Leid, welches derjenige empfindet, den der Tod oder hartherzige Fremdlinge seiner Rinder beraubten. In solcher Lage ist der Dinka bereit, den Wiederbesitz des Verlorenen mit den schwersten Opfern zu erkaufen; denn die Kühe sind ihm teurer als Weib und Kind. Das gefallene Rind wird indes nicht nutzlos vergraben, dazu ist der Neger nicht sentimental genug; von den Unbeteiligten wird ein solcher Fall als freudiges Ereignis begrüßt, und die Nachbarn veranstalten einen Schmaus, der epochemachend in das einförmige Leben der Dinka eingreift; aber nur die Nachbarn; der Betroffene selbst ist durch den Verlust zu sehr erschüttert, um es über das Herz bringen zu können, Hand anzulegen an die teure Hülle der Verschiedenen. Nicht selten gewahrt man solche Leute schweigsam und verstört in ihrem Gram viele Tage zubringen; solches Unglück scheint ihnen kaum zu ertragen.

Es ist wohl begreiflich, wie Menschen bloß am Besitze eines wohlgedeihenden Viehstandes ihre Freude haben können; unverständlich aber muß uns das Zwecklose der von den Dinka geübten Kastration bleiben, wenn wir sehen, wie diese Hirten Bullen und Böcke nur in der Absicht verschneiden, um ihre Augen an einer Fettentwickelung zu weiden, die für den Magen stets unverwertet bleiben soll."

IV. Stammgewerbe.

1. Afrika.

a. Die Schmiederei der Bongo.
(Nachtigal a. a. O. I, S. 304 ff.)

„Als Bewohner eines überall an Eisen reichen Bodens konzentriert sich die ganze Kunstfertigkeit des Bongovolkes auf die Gewinnung und Bearbeitung dieses wichtigen Metalls, dessen Besitz ihnen eine gewisse Überlegenheit über die

Dinka erteilt zu haben scheint. Bei gänzlichem Mangel an Handwerkszeug nach unseren Begriffen, legen sie ein wahrhaft bewundernswertes Geschick an den Tag und übertreffen in dieser Kunst noch die Djur. Mit ihrem rohen Blasebalge und dem Steinhammer, der gewöhnlich nur aus einem runden Kiessteine seltener aus einem vierkantig pyramidalen Eisenkloze besteht, dessen Stiel die nervige Hand des Schmiedes bildet, auf einem Amboß von Gneis oder Granit und allein unterstützt von einem kleinen Meißel oder Stemmeisen, dazu die Zange aus einfach gespaltenem grünem Holze, erzeugen sie Produkte, welche Sachkenner mit der ziemlich guten Arbeit eines englischen Landschmiedes verglichen haben. Nach beendigter Ernte, wenn die Regenzeit völlig vorüber ist, werden die Eisenschmelzen in Betrieb gesetzt. (Der Reisende schildert sodann das Verfahren der Eisengewinnung und fährt darauf fort:) Die wichtigsten Produkte der Eisenindustrie sind für den Handel (richtiger: den Austausch) bestimmt, den die Bongo in früheren Zeiten auch mit allen nördlichen Völkern der Tiefebene lebhaft betrieben. Das für den Handel bestimmte Roheisen ist immer von dreierlei Gestalt: 1. als Mähi, d. h. als einfache 1—2 Fuß lange Lanzenspitze, 2. als Loggo Kulluti, d. h. schwarzer (roher) Spaten, 3) als Loggo, der fertige Spaten, welcher als Melot im Handel längs des Flußlaufs am oberen Nil eine so große Verbreitung gefunden. Der Loggo Kulluti ist das As der Bongo, das einzige Aequivalent für unsere gemünzten Geldwerte, welches Centralafrika kennt, und das, einer schablonenhaften Form unterworfen, in der That die Rolle des Geldes spielt. Das Loggo-Kulluti besteht aus einer flachen, kreisrunden und tellergroßen Eisenplatte von 0,25 bis 0,30 m Durchmesser; an dem einen Rande ist ein kurzer Stiel, an dem andern ein ankerförmiger Fortsatz angebracht. In dieser Gestalt wurde das Eisen von den Reichen in großen Mengen aufgespeichert, und noch heute dient es nebst Lanzenspitzen und Spaten als Geld und Konventionsmünze, um jeden Kauf zu effektuieren oder als Hochzeitsgabe, welche der Freier zu entrichten verpflichtet ist. Das Beil der Bongo besteht aus einem flachen plumpen Eisenzapfen, der durch das verdickte Ende einer wuchtigen und knorrigen Handhabe gesteckt wird und unterscheidet sich durch nichts von der bei fast allen Völkern Centralafrikas gebräuchlichen Form. Außer diesen rohen Gebilden ihrer Kunst verfertigen indeß die Bongoschmiede auch Waffen, Geräte und Schmuck von vollendeter Güte" u. s. w.

b. Töpferei und Salzgewinnung der Bena-Samba.

(Wißmann, Unter deutscher Flagge quer durch Afrika, S. 172.)

Bei den Bena-Samba (nicht weit vom Lualaba) besteht eine besondere Industrie in Töpferei, deren Ergebnis wie auch das Salz, was hier gewonnen wird, auf dem Markt in Nyangwe ausgeboten wird. Das Salz wird aus den meisten Bächen in Samba gewonnen. Unter der Quelle wird der Boden zu einer Mulde ausgehöhlt und das Wasser einfach in großen Töpfen eingekocht. Das zurückbleibende Salz ist feinkörnig, fast schwarz und hat einen wenig salpetrigen Geschmack. Unsere Bena Mamba machten sich sofort als praktische Leute an die Arbeit, um sich für lange Zeit mit Salzvorrat auszustatten, was ihnen auch von den Eingeborenen nicht verwehrt wurde. Gewerbefreiheit!"

c. Die Raphiaweberei der Bakuba.
(Wißmann, Wolf ꝛc., Im Innern Afrikas, S. 243 f., vgl. auch S. 286 f.)

„Das grobe Gewebe aus der Raphiafaser wird Mbala genannt und von den Männern gewebt, während das feine, bunte mit den verschiedenartigsten rot, schwarz und gelb gefärbten Mustern versehene Mpelle von den Frauen hergestellt wird. Die Bakuba besitzen eine eigenartige Fertigkeit, wie ich sie bei keinem andern Stamme gesehen habe, aus den Fasern der Raphia Zeuge zu weben, sie zu färben und zu sticken, die sie dann nicht allein für gewöhnlich und bei feierlichen Gelegenheiten selbst tragen, sondern die auch als Tauschwaren, und zwar zu ihren Nachbarvölkern mehr nach Norden als nach Süden gelangen. Die Mbala wird von den Männern in ähnlicher Weise wie bei den Tupende und Bakuba zubereitet und gewebt. Darauf wird jedes etwa 1 m lange und 0.5 m breite Stück mit Rotholzfarbe gefärbt. Jetzt beginnt die Arbeit der Frauen. Mit im Lande geschmiedeten Nadeln werden die verschiedenartigsten Muster hineingenäht, die einzelnen Fäden dann auf dem Daumennagel kurz abgeschnitten und ausgefranst. Man kann die Geschicklichkeit nicht genug bewundern, mit der die einzelnen Zeichnungen ohne alle Vorlage auf der Mbala geschmackvoll und symmetrisch zum Ausdruck gebracht werden. Ebenso künstlerisch verfahren sie auch in der Anfertigung von Körben und Matten, die als Unterlage beim Sitzen und Schlafen dienen und blau, rot und gelb gefärbte Muster zeigen."

„Während die Herstellung der roten Farbe aus Rotholz, welches zu diesem Zwecke pulverisiert und mit Erde und Wasser zerrieben wird, der schwarzen aus Holzkohle und der weißen aus Thon bekannt ist, konnte ich über die Gewinnung der blauen und gelben Farbe nichts Bestimmtes erfahren. Die Bakuba suchten dies absichtlich zu verbergen und als ihr Geheimnis zu bewahren."

2. Melanesien.

a. Kanoebau im Bismarck-Archipel.
(Parkinson, Im Bismarck-Archipel, S. 116.)

„Als Gewerbe wird der Kanoebau nur in einigen Küstendistrikten der Duke of York-Gruppe, in Uatam, in Kabaira und Beining betrieben. Von da erhält Neubritannien, die ganze Nordküste, die Blanche-Bay und die Küste bis nach Cap Gazelle hinunter durch Tauschhandel ihren Bedarf. Ein großes Kanoe wird mit 100, ja bis 150 Faden Dewarra bezahlt. Wer eine solche Summe nicht erschwingen kann, muß sich mit einem Floß aus neben einander liegenden und durch Querhölzer fest verbundenen Bambusrohrstämmen behelfen."

b. Töpferei in Neu=Guinea.
(Finsch, Samoafahrten, S. 82 f., 281 f.)

Das Inselchen Bilibi an der Küste von Kaiser Wilhelms Land mit 200—250 Einwohnern ist der Sitz einer ausgedehnten Töpferei. „Das Gewerbe ruht, wie überall in Neu=Guinea, ausschließend in den Händen der Frauen und geschieht in derselben einfachen Weise wie an der Südostküste. Die Töpfe werden nur mit Hilfe eines flachen Steines und eines kleinen Holzschlegels verfertigt, gleichsam aus dem Klumpen Lehm getrieben, was ein ganz wunderbares Augenmaß erfordert. Das Brennen geschieht im Freien, indem die sorgfältig im Schatten getrockneten Töpfe leicht mit Holz überdeckt und beim Anzünden desselben kurze Zeit einer scharfen Glut ausgesetzt werden. Das Fabrikat scheint im ganzen besser und haltbarer als das an der Südostküste. So sah ich unter anderem mit Buckeln ornamentierte Töpfe. Aber die unbedeutenden, häufig durch Nägeleindrücke hervorgebrachten Muster sind wohl kein Ornament, sondern wie in Port Moresby Handelsmarke. Wie Port Moresby an der Südostküste Neu=Guineas das Centrum der Töpferei und des Tauschhandels bildet, so Bilibi für Astrolabe=Bay und wahrscheinlich darüber hinaus. Die Töpfe, welche wir in Konstantinhafen sahen, kommen von hier, wie die unternehmenden Bilibiliten, als sie uns dort besuchten, gleich ganze Kanoeladungen ihres Fabrikats mitbrachten." Ihre Fahrten sind indes bloße Küstenfahrten und erstrecken sich nicht über eine Entfernung von 40 Meilen.

Auf der Teste=Insel (Chas) im S.=O von Neu=Guinea ist das technische Verfahren ein anderes. Die Töpferin macht zunächst eine wurstförmige, etwa daumendicke Rolle aus Thon, die spiralig aufgebaut und mit den Fingern sowie einer kleinen Muschelschale platt gestrichen wird. Die Form des Fabrikates ist eine eigentümliche; sie erinnert an tiefe Näpfe oder Schüsseln mit rundem Boden. Der oben senkrechte Rand zeigt verschiedene einfache Randmuster, die mit gabelförmigen Instrumenten aus Bambu eingekratzt werden und nicht als Ornament, sondern als Handelsmarke dienen. Denn auch hier hat jede Frau ihr eigenes Merk (Kulikuto), mit dem sie ihr Fabrikat kennzeichnet. Dasselbe findet weithin bis auf die d'Entrecasteaux, nach Chads=Bai, Südkap (Suau), Wooblark=Insel (Murua, Mulua), vielleicht auch auf der Louisiade, Absatz. Das kleine Chas wird dadurch ein Centrum des Tauschhandels für alle diese Gebiete, denen Töpferei unbekannt ist. Kaum mit brauchbarem Holze zum Hausbau versehen, müssen die Indianer solches wie eine Menge fertiger Geräte und Waffen, ja einen Teil der Lebensmittel von anderswo eintauschen. „Wie in Moresby aus dem Papuagolf ganze Handelsflotten eintreffen, um gegen Sago Töpfe einzutauschen, so kommen die Bewohner Muruas (worunter die 150 Meilen entfernte Wooblark=Insel zu verstehen sein soll), um diese wichtige

Küchengerät zu erstehen. Ich beobachtete übrigens, daß die (angeblich von den Eingeborenen Murrua's) erhandelten Kanus erst in Teste vollendet werden und hier ihren Schmuck an Schnitzereien erhalten."

c. **Weberei und Flechtarbeit auf den Neuen Hebriden.**
(Journal of the Anthropological Institute of Great Britain and Ireland XXIII, p. 377 f.)

„Die Eingeborenen einiger Inseln zeichnen sich durch ihre Geschicklichkeit im Weben oder eigentlich Flechten von Matten, Körben und früher auch von Kleidungsstücken aus, welche zu Artikeln des Handels mit solchen Inseln werden, wo diese Kunst nicht ausgeübt wird. Soweit ich sah, werden alle diese Dinge von den Frauen angefertigt, und zwar aus Pabanusblättern, welche getrocknet und mit einem Messer oder Muschelstück in lange Streifen zerschnitten werden. Das Flechten geschieht in diagonaler Richtung und gewöhnlich mit einer leichten Musterung. Es werden Streifen in jeder Größe bis zu 10 oder 12 Ellen Länge und gewöhnlich 2 oder 3 Fuß breit angefertigt. Die besseren enden in ein kleines offenes Muster, das mit Federquasten geschmückt ist, und zu beiden Seiten läßt man die nicht verwobenen Enden als Fransen herunterfallen. Es sind vortreffliche Matten, die sich sehr langsam abnutzen und wenn sie schmutzig sind, leicht mit Seife und Wasser gewaschen werden können u. s. w."

3. Australien.
(A. W. Howitt, The Diëri and other kindred tribes of Central Australia: Journal of the Anthropological Institute of Great Britain and Ireland, XX (1891), p. 76 ff.)

„Die Diëri senden periodisch Abteilungen ihres Stammes, die ausschließlich aus Männern bestehen, zu verschiedenen Zwecken aus. Alle Stämme in diesem Teile Central=Australiens und sogar noch darüber hinaus benutzen die getrockneten Zweige des Pitcheri=Strauches als Narcoticum (vgl. K. E. Jung, Der Weltteil Australien I, S. 118).

Die Diëri senden alljährlich eine Expedition von rüstigen Männern nach dem Pitcheri=Lande am Herbertfluß in Queensland — eine Entfernung von etwa 250 engl. Meilen. Die Gesellschaft muß auf ihrer Reise das Gebiet mehrerer feindlicher Stämme durchziehen und nötigenfalls sich den Durchzug erkämpfen. Bei der Ankunft im Pitcheri=Lande werden die Blätter und kleine Zweige des Strauches sorgfältig abgepflückt. Kleine Löcher von zwei Fuß Tiefe werden in den Sand gegraben und mit glühenden Kohlen erhitzt. Darauf wird das Pitcheri in die Löcher gelegt, nachdem sie ausgeräumt sind, mit heißem Sande bedeckt und gebacken. Wenn der Saft abgedämpft ist, wird das Pitcheri herausgenommen und sauber in Netze und kleine Wallaby=Häute (Jung a. a. O., S. 120) gepackt; jeder Mann trägt ungefähr 70 Pfd.

Die Diëri treffen große Vorbereitungen bei der Rückkehr ihrer Pitcheri=Expeditionen. Neue Hütten werden gebaut; Getreidesamen wird gesammelt für

Väter, Brüder, Gatten und Freunde. Wenn die Expedition zurückkehrt, sind ihre Mitglieder voll absonderlicher Geschichten über die Kämpfe, welche sie ausgefochten und die Stämme, die sie gesehen haben. Das Pitcheri, obwohl aus so großer Entfernung herbeigebracht und mit so großen Schwierigkeiten erlangt, ist nach wenigen Monaten schon ganz wieder verschwunden, indem man es den südlichen Stämmen in Tausch gegeben hat. (Ein über das ganze Innere des Kontinents verbreitetes Tauschsystem. Die Dieri tauschen Waffen für Känguruh-Felle von ihren südlichen Nachbarn ein, und von nördlichen und östlichen für ihre Schilde; ich sah einst die eine Hälfte einer großen Seemuschel, welche von Stamm zu Stamm, wahrscheinlich von der Nordküste, hierhergelangt war.)

(Der Missionar) Gason erzählte mir, daß er, wenn die Dieri-Expedition zurückkehrte, sechs Ballen Pitcheri, jeden zu drei Pfund, für ein Hemd zu erhalten pflegte. Ging dann das Pitcheri zur Neige, so kam der Häuptling zu ihm und brachte ihm Waffen aller Art zum Geschenk für ein kleines Quantum, indem er ihn bat, ihnen „einen kleinen Mundvoll" zu geben.

Ich fand den Gebrauch des Pitcheri ganz allgemein bei den Yantruwunta am Coopers Creek. Ich erhielt oft ein Priemchen Pitcheri frisch aus dem Munde eines freundlichen schwarzen Burschen angeboten, und ich habe es auch im ungekauten Zustande erhalten, verpackt in kleine dicht geflochtene Netze aus Grashalmen und Menschenhaar. Die Yantruwunta sagten mir, daß sie darnach etwa zehn Tage in nordwestlicher Richtung marschieren müßten. Dies ergäbe eine Entfernung von 150—200 Meilen und würde ungefähr mit der Lage des jetzt sogenannten Pitcheri-Landes übereinstimmen. Die Yantruwunta mischen ihr Pitcheri mit den getrockneten Blättern eines Strauches, den sie Wira nennen und der auf den Sandhügeln in einem Teile ihres Landes reichlich wächst. Die Wira wird so zubereitet, daß kleine Zweige abgebrochen und in heißer Asche geröstet werden; dann werden sie zerkleinert und zum Kauen mit Pitcheri gemischt. Der Gebrauch des letzteren war nicht nur den Stämmen an Coopers Creek, sondern mindestens bis zu den Barriereketten von Neu-Süd-Wales bekannt.

Im Juli oder August jedes Jahres wird auch eine andere Expedition südwärts gesandt, um roten Ocker zu holen. Man betrachtete das immer als eine gewagte, von manchen Gefahren und Entbehrungen begleitete Unternehmung. Die Gesellschaft hatte 300 Meilen hin und zurück zu wandern, durch das Gebiet feindlicher Stämme, mußte jede Nacht Wachen ausstellen und sich ihre Nahrung auf dem Marsche verschaffen, während auf dem Rückweg jeder Mann 60—100 Pfd. künstlich geformten roten Ockers zu tragen hatte. Die Männer waren alle auserlesen, und die Expedition stand unter der Leitung eines großen Führers. Jeder Mann war mit drei Streifen von rotem Ocker und mit drei schwarzen Streifen von Glimmer-Eisenerz unmittelbar unter den ersteren quer über den Bauch gezeichnet. Zwei gleiche Streifen waren quer über den Arm gezogen. Jeder hatte alle Haare seines Bartes vor der Abreise ausgerauft und die Kopfhaare kurz geschnitten.

Herr Frank James erzählt mir von der Blanchwater-Abteilung des Dieri-Stammes, daß die jährliche Ocker-Expedition eine der wichtigsten Pflichten des Stammes war. Einige 70 oder 80 auserlesene Männer aus der kriegstüchtigen Mannschaft sammelten sich zu dieser Fahrt, alle wohl bewaffnet, und sie bekämpften und töteten alle Schwarzen, welche sich ihnen zu widersetzen wagten. Der Ocker wurde in große Kuchen zusammengeknetet und heimgebracht, um als Kriegsfarbe, Zaubermittel ꝛc. verwendet zu werden, und er bildete **einen der Hauptartikel, welche sie anderen, weiter hinaus befindlichen Stämmen im Austausch gegen Speere, Schilde und andere Waffen gaben.**

Die Yantruwunta gaben mir einen ähnlichen Bericht über ihre jährliche Expedition zum Herbeiholen des roten Ockers, aber auch der Sandsteinplatten, auf welchen sie ihr Korn zur Nahrung zerreiben. Die Örtlichkeit, nach welcher sie um diese Dinge zogen, muß nach ihren Angaben weit abwärts auf der Westseite der Flinderskette gelegen sein; die Entfernung muß über 300 Meilen betragen haben. Sie sagten mir, daß die Reisegesellschaft keine zwei Tage an einem Platze verweilen konnte, sondern sich den Hin- und Rückweg erkämpfen und zugleich zu ihrer Ernährung der Jagd obliegen mußte. Die Steinplatten auf welchen sie ihre Sämerei mahlten, verschafften sie sich irgendwo in der Nähe der Ockergrube. Jeder Mann trug bei der Rückkehr eine Sandsteinplatte oder einen Ockerklumpen auf dem Kopfe. —

Die Dieri haben eine absonderliche Gewohnheit, welche hier noch Erwähnung finden mag. Sie wird Yutschin genannt. Wenn ein Schwarzer auf einige Entfernung von Hause fortgeht, sei es zu einer der Horden oder kleineren Abteilungen, sei es zu einem benachbarten Stamme, so wird einer aus seinem Lager sein Yutschin. Dies geschieht so, daß ihm ein Strick von Menschenhaar oder einheimischem Flachs um den Nacken gehängt wird, um ihn an sein Versprechen zu erinnern, Geschenke mitzubringen. Es wird dann seine Pflicht, Gegenstände für seinen Yutschin bei der Rückkehr mitzubringen, und dieser sammelt ebenfalls, während er fort ist, Geschenke für ihn. Unter keinen Umständen wird ein solches Gelübde gebrochen; denn wenn dabei jemand sich etwas zu schulden kommen ließe, würde er alle Männer im Lager gegen sich haben und als ein unzuverlässiger Mann bezeichnet und betrachtet werden. Herr Gason sagt mir, daß er oft Yutschin eines Dieri gewesen ist, indem er ihnen alte Sachen gab und dafür von ihnen geschnitzte Waffen und Zierrat empfing.

Dieses Verfahren wird angewendet, um zu tauschen. Wenn jemand z. B. einen geschnitzten Bumerang sähe, den er gern haben möchte, so würde er zu dem Eigentümer sagen: „Ich will dir das und das dafür geben, wenn du mein Yutschin sein willst." Einigen sie sich, so werden sie Yutschin, und der eine von ihnen kommt nach einer Reise zu einem fremden Lager des

Stammes oder sonst wohin mit den Dingen zurück, über welche man handelseinig geworden ist, übergiebt sie, und der Tausch wird vollzogen. Wenn Leute einen Mann oder eine Frau aus den Disri mit einem Strick um den Hals sehen, so fragen sie: „Für wen bist du Jutschin?" Ein Sohn kann Jutschin sein für seinen Vater; ein Vater kann z. B. versprechen, Bumerangs für seine Söhne zu machen, während sie ausziehen, um für ihn zu jagen. Alles, was sie erbeuten, einerlei wie viel es ist, händigen sie ihm bei ihrer Rückkehr aus und die Weiber strömen herbei, um zu sehen, welche Art von Jutschin die Knaben gewesen sind. Die Bumerangs werden natürlich gemacht und zugleich ausgehändigt. Gason sah, wie kleine Knaben von 7—10 Jahren ihren Vater quälten, ihnen Bumerangs zu machen, indem sie ihm versprachen, seine Jutschin zu sein. — Gason selbst hatte immer einige Jutschin, und wenn er von Schwarzen hörte, die einen benachbarten Stamm besuchen wollten, ließ er sie kommen und gab ihnen Geschenke, worauf jene ihn ersuchten, jedem einen Strick um den Hals zu hängen als Jutschin. Bei ihrer Rückkehr brachten sie ihm ihre Gegengeschenke in Gestalt von geschnitzten Waffen, Zierbeuteln ꝛc."

4. Süd-Amerika.

(E. im Thurn, Among the Indians of Guyana, S. 271 ff. zitiert von H. Schurz, Deutsche geogr. Bl. XX, S. 30.)

Unter den Indianern Guyanas „hat jeder Stamm seine besondere Industrie, und seine Mitglieder besuchen beständig andere Stämme, selbst die feindlichen, um die Erzeugnisse ihrer Arbeit gegen Dinge auszutauschen, die nur von den anderen Stämmen hergestellt werden. Diese handeltreibenden Indianer dürfen unbelästigt feindliches Gebiet durchziehen... Unter den Küstenstämmen machen die Warraus bei weitem die besten Boote und versorgen damit die benachbarten Stämme; in derselben Weise bauen weit im Innern die Wapianas Boote für alle Stämme des Gebietes. Die Macusis haben zwei Produkte, die von allen Stämmen sehr begehrt sind, nämlich das Urali zum Vergiften der Pfeile des Bogens und des Blasrohrs und baumwollene Hängematten. Die Arecunas bauen und spinnen den größten Teil der Baumwolle, die von den Macusis und Anderen zu Hängematten und anderen Dingen verwendet wird: außerdem liefern sie Blasrohre, und die dazu nötigen Palmenstämme, die nur in der Nähe der venezuelanischen Grenze wachsen, verschaffen sie sich wahrscheinlich auch durch Tauschhandel von einem der daselbst wohnenden Stämme."

V. Märkte.

1. Afrika.

a. Bakete und Baluba.
(Wißmann, Im Innern Afrikas, S. 120 f.)

„Etwa 10 km von der letzten Baluba-Ansiedelung befand sich im Urwalde eine Kitanda, ein 20 zu 40 m großer freier Platz, auf welchem an bestimmten Tagen sich die Bakete und Baluba als auf neutralem Boden bewaffnet einfinden, um gegenseitig Tauschhandel mit Lebensmitteln, Aschensalz, Sklaven, Elfenbein und Mabelestoffen zu treiben.... Der Luelho war hier künstlich auf 250 m erweitert, da in seinem Gebiete besonders die Salzgräser gedeihen sollen, deren Asche ausgelaugt wird und den Eingeborenen Aschensalz für ihren Bedarf und Tauschhandel liefert."

(Wißmann, Zweite Durchquerung Äquatorial-Afrikas, S. 99 f.)

„Am Lukalla, der Grenze des Landes der Baluba, hielten wir, und zwar noch im Gebiete der Kalosch. Wir trafen dort einen der bei allen Baluba, ja bei den meisten Völkern des äquatorialen Afrika gebräuchlichen großen Märkte an, bei dem auf einem weiten Platze an 400 Menschen versammelt waren. Außer den gewöhnlichen Lebensmitteln, die ausgeboten wurden, waren Töpferwaren, Palmenstoffe, Uruku (ein dunkelroter Farbstoff) zu erwähnen. Unser Erscheinen störte die Versammelten durchaus nicht. Es war der Markt durch ein besonders strenges Gesetz als neutrales Gebiet gesichert, und wir erfuhren, daß auch Leute aus feindlichen Stämmen ungefährdet hier erscheinen durften. Der Häuptling des Gebietes, auf dem der Markt abgehalten wurde, wachte in seinem größten Staate mit einem halben Dutzend von Wächtern darüber, daß kein Zank oder Streit die Ruhe des Marktes störte. Seine Gehülfen waren alle kenntlich an der breiten Axt, die sie auf der Schulter trugen, und wo auch nur ein etwas lauter Wortstreit sich entwickelte, waren sie sofort zur Stelle. In Unterbrechungen führte Kaschama (der Häuptling), vom Geschrei der Menge begleitet, auf dem für ihn gemachten freien Platze seine Tänze auf, bei denen groteske Sprünge und indecentes Rollen in den Hüften sich abwechselten. Es näherte sich nach jedem Tanze, ebenfalls tanzend, ein Weib, und stellte vor dem Platze des Häuptlings ihre Marktabgabe nieder. Jede Gemeinde, deren Vertreter zum Handel hier erscheinen, muß dem Marktobersten einen Tribut entrichten." (Vgl. die ähnliche Schilderung Wolfs über den Markt in Ibanschi, daselbst S. 248 f.)

b. Kongo-Gebiet.
(Livingstones Reisen in Inner-Afrika in Petermanns Mitth. XXI (1875), S. 177 f.)

„Märkte finden sich in Abständen von 8—10 englischen Meilen; dahin kommen die Leute von weit her, denn der Markt ist hier eine ebenso wichtige

Einrichtung, wie der Kaufladen in zivilisierten Ländern, und auf gesetzmäßigen Verkehr wird so streng gehalten, daß die ganze Familie eines Betrügers zu Sklaven gemacht wird. . . .

Jeden vierten Tag wird in Njangwe, am Ufer des Lualaba, Markt oder Tschitoka gehalten, wobei circa 3000 Menschen, hauptsächlich Frauen, zusammenströmen. An den Zwischentagen wird an andern Orten Markt gehalten. Die große Zahl der zusammenkommenden Menschen erweckt Vertrauen, und die erzwingen Gerechtigkeit von einander. In der Regel ziehen alle vor, auf dem Markt zu kaufen und zu verkaufen als sonst wo; sagt man: „Komm, verkaufe mir dieses Huhn oder dieses Zeug," so lautet die Antwort: „Komm auf den Tschitoka." Ich zählte an einem Markttage 700 Leute, die an meiner Thür vorbeikamen. Bei den Marktfrauen scheint es ein Lebensgenuß zu sein, unter Scherzen zu feilschen und unter Lachen aufzuschwatzen. Viele kommen eifrig und gehen mit traurigen Gesichtern fort; viele sind hübsch und viele alt; alle tragen sehr schwere Lasten von getrockneter Cassava und irdenen Töpfen, die sie sehr billig gegen Palmöl, Fische, Salz, Pfeffer und andere Gewürze verkaufen. . . . Die Männer erscheinen in lebhaft gefärbten Lambas und tragen wenig außer ihren Elfenwaren, Geflügel, Grastuch und Schweinen. Lepidosiren (Sembe genannt) wird in wassergefüllten Töpfen zu Markte gebracht, geröstete weiße Ameisen, auch die große Schnecke Achatina und eine gewöhnliche Schnecke.

Der Markt bietet eine geschäftige Szene, jeder ist in tiefem Ernst; mit freundlichen Begrüßungen wird wenig Zeit verloren. Fischhändler laufen umher mit Töpfen voll Schnecken oder kleinen Fischen oder mit jungen Clarias capensis, die im Rauche getrocknet und an Ruten angespießt sind, oder mit anderen Leckereien, um sie gegen Cassava-Wurzeln zu verkaufen, die nach breitägigem Einwässern getrocknet wurden, oder gegen Bataten, Gemüse, Korn, Bananen, Mehl, Palmöl, Geflügel, Salz, Pfeffer. Jeder ist eifrig darauf bedacht, Nahrungsmittel gegen Delikatessen auszutauschen und spricht sich mit kräftigen Versicherungen über die Güte oder die Nichtsnutzigkeit jedes Gegenstandes aus. Der Schweiß steht tropfenweise auf ihrer Stirn. Hähne krähen lebhaft, selbst wenn sie über die Schulter mit dem Kopf nach unten hängen, und Schweine quieken. Eiserne Knöpfe, an beiden Enden ausgezogen, um die Güte des Metalls zu zeigen, werden gegen Zeug von der Muabe-Palme ausgetauscht. Unter dem Gesäß, worin ihre Waren liegen, haben sie einen großen Trichter aus Weidengeflecht, in den sie die Waren schlüpfen lassen, wenn sie nicht gesehen werden sollen. Sie treiben den Handel ehrlich, berufen sich aufeinander und haben ein starkes Rechtsgefühl.

Bei solch starkem Umsatz von Nahrungsmitteln unter 3000 Besuchern des Marktes, die zum Teil 20—25 englische Meilen weit herbeikommen, wird viel verdient. Die Männer stolzieren in buntfarbigen Lambas einher; die Frauen thun die schwerste Arbeit. Die Töpfer klopfen ihre irdene Ware an allen Seiten und lassen sie klingen, um zu zeigen, daß kein Sprung darin ist. Ich kaufte für eine Perlenschnur zwei schön geformte Flaschen aus porösem Thon, von denen jede eine Gallone hielt. Die Frauen tragen riesige Lasten davon in ihren Trichtern über den Körben, mit Bändern an Schultern und Stirn befestigt, und haben außerdem noch die Hände voll. Kein Sklave kann dazu gebracht werden, nur halb so viel zu tragen, als sie freiwillig thun. Die Rundung der Gefäße ist wundervoll, wenn man bedenkt, daß keine Maschine dabei angewendet wird. Es ist eine Szene des schönsten natürlichen Bühnenspiels, das man sich denken kann. Der Eifer bei allen Arten von Versicherungen, der Ernst, mit dem scheinbar die ganze Schöpfung, oben, unten, ringsum, angerufen wird, um die Wahrheit der Aussagen zu bezeugen, und dann das intensive Erstaunen und die vernichtende Verachtung gegen die, welche ihre Waren verschmähen.

Kleine Mädchen laufen umher und verkaufen für ein paar kleine Fische Schalen mit Wasser an die halberschöpften Wortfechter. Für mich war es eine unterhaltende Szene. Ich konnte die Worte nicht verstehen, die von ihren gewandten Zungen flossen; aber die Gesten waren zu ausdrucksvoll, um Verdolmetschung zu bedürfen."

(Stanley. Durch den dunkeln Weltteil II, S. 185f.)

„Die in Distanzen von 3—4 Meilen am Livingstone liegenden Marktplätze sind Hauptversammlungsorte für die Eingeborenen von beiden Ufern des Flusses und werden als neutraler Boden angesehen, den kein Häuptling beansprucht und für deren Benutzung niemand irgend ein Vorrecht oder einen Tribut sich aneignen darf. Viele derselben sind weite Grasplätze unter dem Schatten mächtiger, sich weit ausbreitender Bäume. . . . Am Morgen sind an Markttagen diese Grasplätze gedrängt voll Menschen. Aus den Tiefen des Waldes und aus den isolierten Lichtungen, von den einsamen Inseln und aus dem offenen Lande der Bakusu strömen die Eingeborenen zusammen mit ihren Cassavakörben, ihren Matten aus Palmfasern und Schilfgras, ihren Kürbissen voll Palmwein, ihren Bohnen und Mais, Hirse und Zuckerrohr, ihrer Töpferware, mit den Kupfer-, Eisen- und Holzarbeiten ihrer Handwerker, mit dem scharlachroten Gabanholze, mit ihren Gemüsen, Bananen und Pisangfrüchten, ihrem Tabak nebst Pfeifen und Trobbeln, ihren Flichnetzen und Körben, mit ihren Fischen und einer Menge von Gegenständen, welche zu produzieren sie ihr Geschmack und ihre Bedürfnisse gelehrt haben. Alles ist dann voll munteren Lebens und eifrigen Tauschhandels bis um die Mittagszeit, wo der Platz wieder still und menschenleer daliegt, eine Beute der von keiner Staffage belebten düstern Schatten, in denen der Habicht und der Adler, der Ibis, der graue Papagei und der Affe ungestört fliegen, kreischen und brüllen mögen."

c. Ostafrika.

(Stanley, Durch den dunkeln Weltteil I, S. 161.)

„Das Dorf Kagehyi im Distrikt Utschambi und im Lande Usukuma wurde nach unserer Ankunft zu einem Orte von großer lokaler Wichtigkeit. Es zog eine ungewöhnlich große Zahl eingeborener Händler (?) von allen Seiten aus einem Umkreis von 20—30 Meilen an sich. Fischer aus Ukerewe kamen in ihren Kanoes mit Vorräten getrockneter Fische; die von Jgusa, Sima und Magu, östlich von uns in Usukuma, brachten Cassava oder Maniok und reife Bananen. Die Hirten von Usmau, 30 Meilen südlich von Lagehyi, schickten ihre Ochsen, und die Stämme von Muanza brachten ihre Hacken, Eisendraht und Salz und außerdem große Massen süßer Kartoffeln und Yamswurzeln." Stanley führt dann weiter aus, daß dies nur von den Gegenden gelte, welche in den Verkehr der großen Handelsstraße einbezogen waren, während dicht bei Kangehyi andere gewesen seien, zu denen nicht einmal die Kunde ihrer Anwesenheit gedrungen sei.

(Weitere Marktschilderungen aus Afrika: Stanley a. a. O. II, S. 4 f., 398. Wißmann, Unter deutscher Flagge quer durch Afrika, S. 179, 237. Im Innern Afrikas, S. 283, 298.)

2. Indien.

(Ztschr. f. Ethnologie S. 248 f.)

Der Markt des Stammes der Garos in Putimari (Bengalen) wird von Col. Dalton so beschrieben: "Der Marktplatz lag am Ufer des Kalu unter dem Schatten mächtiger Pigolbäume. Schon am Abend vor dem Markttage füllte sich der Fluß in der Nähe des Landungsplatzes mit Kähnen, Flößen ꝛc. und lange Züge von Garos kamen von allen Seiten herab, schwer beladen mit langen Körben, in denen die Baumwolle oft 7—8 Fuß hoch über den Kopf des Trägers aufgethürmt war, sodaß man in der Ferne weiter nichts sah, als Hunderte von diesen langen weißen Körben, welche auf schwarzen Beinen ganz stramm dem Marktplatz zuschritten. Alle biwakierten im Freien unter den Bäumen im Schutze dieser langen Körbe, die sie in Reihen nebeneinander stellten. Am Morgen des Markttages häufte sich die Menschenmasse außerordentlich, und als gegen Mittag die Markttrommel geschlagen wurde, bot der Platz einen unvergleichlich interessanten Anblick dar. Der Handel und das Feilschen beginnt nun. Geld giebt's nicht. Die Garos haben deshalb schon vorher kleine Baumwollenbündel von je zwei Pfund abgewogen, welche die Stelle des Kleingeldes vertreten. Mit einer Masse dieser versehen laufen sie wild hin und her, von einem Verkäufer zum andern. Hier steht ein schöner weißer Hahn zum Verkauf; ein Garo erblickt ihn, rennt wie unsinnig auf den Eigentümer zu, wirft ihm zwei Bündel Baumwolle in die Hand und greift nach dem Tiere. Der Verkäufer aber dreht sich kühl mit seinem Vogel zur Seite. Der Garo, aufgeregt wie ein Spieler, verdoppelt sein Angebot und nachdem er endlich den Hahn erhalten, läuft er triumphierend zu seinen Kameraden zurück, während der Bengali die eingetauschte Baumwolle abwiegt und kalkuliert, wie viel er bei dem Geschäft gewonnen."

3. Hawaii.

(Ellis, Tour through Hawaii, p. 396.)

„Am Flusse Wairuku pflegten zu bestimmten Zeiten Märkte abgehalten zu werden. Einige Distrikte, welche wegen der Produktion von Matten und Kleiderstoffen berühmt waren, brachten Matten und Stoffe, andere getrocknete Fische, andere Hopfen, Tabak, verschiedene Arten Tapa und Taro. Die Erheber des Zolles, welcher an diesem Flusse zu entrichten ist, waren in Streitfällen die Schiedsrichter und im allgemeinen die Aufseher des Marktes, wofür sie eine Gebühr von den Marktbesuchern empfingen."

4. Nord-Amerika.

(Carver, Travels through the interior parts of North America in the years 1766—1768, London 1778, S. 99.)

„Die Hundewiese (la prairie des chiens) ist der große Marktplatz (am Mississippi), wo alle in der umliegenden Gegend wohnhaften Indianer des Handels wegen zusammenkommen. Was für Indianer auch immer hier einander treffen mögen, sie müssen ihre Feindschaft unterdrücken und alle feindseligen Handlungen vermeiden, wenn auch die Stämme, denen sie angehören, mit einander im Kriege begriffen sein sollten. — Eben diese Regel wird bei dem roten Gebirge (Red Mountain) beobachtet, von wo sie die Steinart bekommen, aus welcher sie ihre Pfeifen verfertigen. Da alle benachbarten Stämme diese Steinart nötig haben, so sind solche Bestimmungen nötig und nützlich."

(Weitere Nachrichten über das Marktwesen der Naturvölker findet man bei H. Spencer, Descriptive Sociology unter dem Stichwort Distribution.)